V-Ray for SketchUp 예제로 배우는
스케치업 **V-Ray**

제1강

SketchUp의 환경 설정하기

강의 목표

본 강의에서는 SketchUp의 특장점에 대해 알아보고 보다 원활한 모델링 및 렌더링 작업을 위한 기본적인 환경을 설정해 본다.

1. SketchUp의 장점

SketchUp은 3D 모델링 프로그램으로서 2000년 8월 앳라스트 소프트웨어(@Last Software)에서 개발해 발표한 프로그램이다. 이후 Google에서 Google Earth용 플러그인으로 활용하고자 2006년 3월에 인수했다. 그러다가, 2012년 6월 Trimble Navigation사가 인수하여 현재에 이르고 있다. 다른 3D 모델링 프로그램에 비해 간단한 사용자 인터페이스를 가지고 있어 누구나 쉽게 모델링할 수 있기 때문에 건축, 실내건축, 도시환경 및 조경 등 다양한 디자인 분야의 교육과 실무현장에서 그 활용도가 매우 높다.

SketchUp의 장점을 살펴보면 다음과 같은 네 가지로 나누어 볼 수 있다.

1.1 접근의 용이성

SketchUp은 누구나 쉽게 다운로드하여 컴퓨터에 설치할 수 있다. 유료버전인 Pro버전과 Pro버전의 몇 가지 기능이 제한된 무료버전을 다운로드할 수 있으며 유료버전과 무료버전 없이도 SketchUp 파일을 열어볼 수 있는 Viewer를 다운로드하여 볼 수도 있다(스케치업 2015&V-Ray, 한정훈, p17)

SketchUp은 http://www.sketchup.com/download/all에서 다운로드 받을 수 있다.

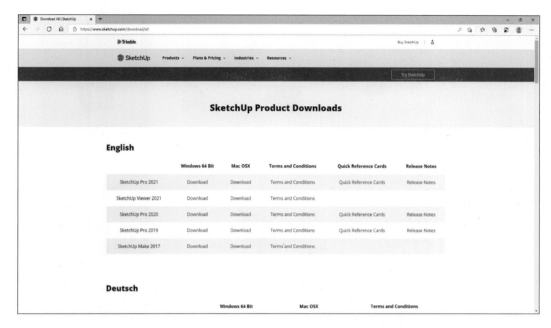

[SketchUp의 다운로드 페이지의 모습]

1.2 방대한 라이브러리

SketchUp은 '3D Warehouse'라는 다양한 3차원 모델링 오브젝트의 라이브러리를 제공하고 있다. '3D Warehouse'에서는 전세계의 SketchUp 사용자들이 모델링한 SetchUp 파일을 업로드하거나 다운로드할 수 있어 사용자들이 자료를 공유하여 유용하게 활용할 수 있다.

다양한 SketchUp의 모델링 파일은 https://3dwarehouse.sketchup.com에서 다우로드 받거나 업로드할 수 있다. 다운로드 받은 SketchUp 파일(확장자: skp)은 SketchUp뿐 아니라 Rhino3D나 3dsMAX와 같은 프로그램으로 Import하여 적절히 가공하여 사용할 수 있다.

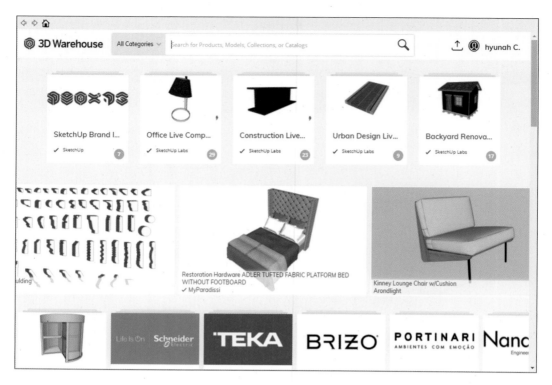

[3D Warehouse의 Main Page]

1.3 다양한 Ruby의 지원

Ruby(루비)는 SketchUp에 Plug In(플러그 인) 형식으로 지원되어 특정 기능을 빠르고 손쉽게 구현해 주는 Script로 'Extension Warehouse'에서 다운로드할 수 있다. 디테일한 3차원 오브젝트를 모델링할 때 SketchUp의 기능으로는 번거롭게 작업해야 하는 수고를 덜어주고 변수를 조절하여 원하는 형태의 다양한 모델을 만들 수 있어 용이하다(예: 문, 창문, 계단, 에스컬레이터 등). 그러나 Ruby는 SketchUp의 기본 사용법 및 전반적인 기능을 익힌 후에 사용하는 것이 보다 효율적이다. 다양한 Ruby는 http://extensions.sketchup.com에서 다운로드 받을 수 있다.

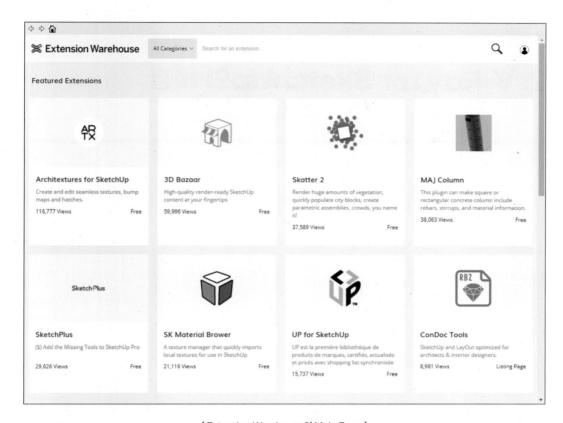

[Extension Warehouse의 Main Page]

1.4 V-Ray for SketchUp의 지원

모델링된 3차원 공간이나 오브젝트들을 사진과 같은 사실적인 이미지로 만들어주는 렌더링 프로
그램인 V-Ray가 완벽하게 지원이 된다. SketchUp for V-Ray는 http://www.chaosgroup.
com/en/2/index.html에서 다운로드 받을 수 있다.

2. V-Ray for SketchUp의 특징

Chaos Group에서 1997년에 개발한 렌더링 플러그인 프로그램인 V-Ray는 건축, 실내 디자인, 제품 디자인 등 다양한 분야에서 사용되고 있으며 모델링된 3차원 오브젝트를 사실적인 이미지로 생성하는 렌더링 프로그램 분야에서 독보적인 위치를 차지하고 있다. 2000년대 초반 Global Illumination(GI) 알고리즘을 바탕으로 다양한 렌더러들이 출시되었으나 Vray가 현 위치에 이르게 된 것은 그 렌더링 속도 때문이었다. 아무리 렌더링된 이미지의 결과물이 좋은 품질을 보여준다 해도 렌더링 시간이 길어지게 되면 이미지 품질 대비 그 속도를 고려하지 않을 수가 없게 되기 때문이다. 이와 같은 이유로 그 당시 3차원 모델링 분야에서 엄청난 시장점유율을 차지하고 있던 3dsMAX의 외부 서드파티 렌더러로 자리잡게 되면서 많은 사용자층을 얻게 되어 현재에 이르게 되었다.

2000년대 중반 이후 3차원 모델링 분야에서 3dsMAX보다 SketchUP의 사용자들이 대폭 증가하면서 SketchUp 모델을 렌더링하기 위헤 V-Ray for SketchUp이 개발되었으며 SketchUp과 완벽하게 호환이 되고 쉽고 빠르게 빛환경, 사실적인 재질의 표현이 가능하여 현재 교육 및 실무분야에서 그 활용도가 매우 높다.

3. SketchUp의 기본 환경 설정하기

3.1 Unit(단위)의 설정

모델링에서 가장 기본적이고 중요한 것은 Unit(단위)이다. 단위가 제대로 설정이 되지 않은 채 모델링이 되었다면 후에 외부 프로그램과의 연동에 있어 문제가 발생하게 되므로 단위의 설정은 모델링에 있어 매우 중요하다.

01 SketchUp(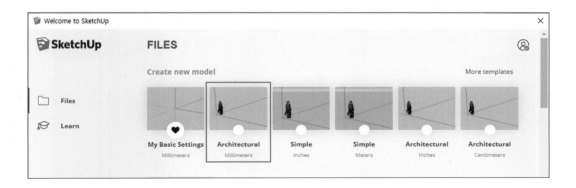)을 더블클릭하여 실행한다.

02 실행시켜 나타나는 [Welcome to SketchUp]창에서 'Architectural Millimeters' Template를 선택한다.

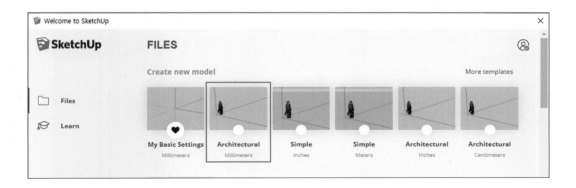

03 나타나는 'Architectural Millimeters' Template에 있는 Character(버전에 따라 Character는 계속 바뀐다)를 Select Tool(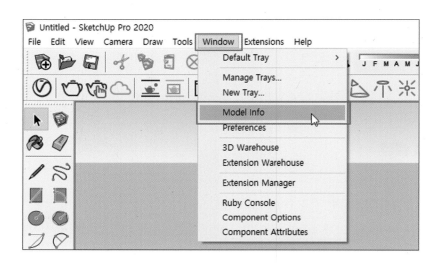)로 클릭한 후 Delete 하여 삭제한다.

04 SketchUp 상단의 메뉴바에서 Window를 클릭하여 나오는 메뉴에서 Model Info를 선택한다.

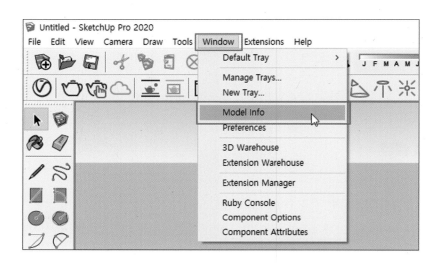

05 [Model Info] 창에서 단위를 설정하는 [Units]항목을 선택하고 아래 그림과 같이 옵션들을 수정한 후 [Model Info]창을 닫는다.

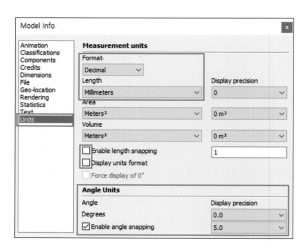

3.2 Default Tray의 설정

SketchUp에서 Default Tray는 Tag, Material, Entity Info, Components 등을 제어하여 모델링 작업을 원활하게 도와주는 역할을 한다. 이 'Tray' 기능은 2016버전부터 이전 버전에서 메뉴 → [Window]에 있던 기능들이 'Tray'로 분리된 것으로 보다 빠른 작업이 가능하게 되었다.

01 SketchUp 화면의 오른쪽에 Default Tray가 보이지 않는다면 상단의 메뉴바에서 Window를 클릭하여 나타나는 메뉴에서 [Default Tray] → [Show Tray]를 선택한다. 화면의 오른쪽에 [Default Tray]가 나타난다.

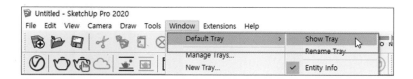

02 화면의 오른쪽에 [Default Tray]가 나타나면 다시 상단의 메뉴바에서 Window를 클릭하여 나타나는 메뉴에서 [Default Tray] → 'Outliner'를 선택하여 준다.

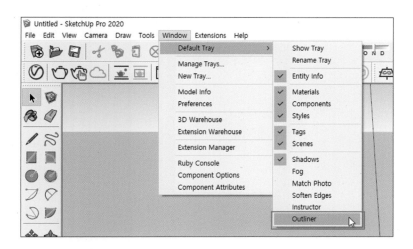

3.3 Styles Tray 열기

01 SketchUp 화면의 오른쪽에 있는 [Default Tray]에서 [Styles] Tray를 클릭한다. In Model(🏠)아이
    콘을 클릭하여 현재의 스타일이 표시되는 라이브러리로 이동한다.

02 스타일을 수정하기 위해 [Edit]탭을 클릭한다.

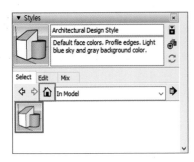

['In Model'을 클릭한다]

['Edit'탭을 클릭한다]

3.4 선 두께 수정하기

01 선의 스타일을 설정하는 [Edge Settings]아이콘( )을 클릭한 후 선의 두께를 설정하는 [Profiles]옵션에 체크 표시를 하고 선의 굵기가 가늘어지도록 키보드로 '1'을 입력한다.

02 'Extension'과 'Endpoints' 항목을 체크 해제한다.

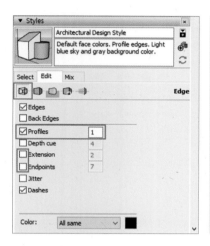

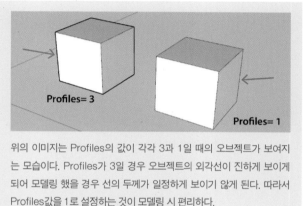

위의 이미지는 Profiles의 값이 각각 3과 1일 때의 오브젝트가 보여지는 모습이다. Profiles가 3일 경우 오브젝트의 외각선이 진하게 보이게 되어 모델링 했을 경우 선의 두께가 일정하게 보이지 않게 된다. 따라서 Profiles값을 1로 설정하는 것이 모델링 시 편리하다.

3.5 뒷면 색상 수정하기

SketchUp으로 모델링할 때 간혹 면이 뒤집혀진 채 이를 인식하지 못하고 모델링을 하게 되는 경우가 있는데 이는 뒷면의 색상이 앞면의 색상과의 차이가 명확하지 않거나 각도에 따라서 앞면의 색과 뒷면의 색이 유사하게 보이기 때문이다. 이러한 경우 SketchUp으로 모델링만 할 경우는 큰 문제가 없으나 이 모델파일을 외부 프로그램으로 Export할 경우, 즉 예를 들어 V-Ray와 같은 렌더링 프로그램을 사용하고자 할 경우 이 뒤집혀진 면이 그대로 Export가 되면 렌더링 시 그 뒤집혀진 면이 간혹 렌더링 되지 않는 경우가 있다. 이를 방지하고 모델링 및 매핑 작업이 효율적으로 이루어지기 위해 뒷면의 색을 기본값에서 다른 명확한 색상으로 바꾸어 구분하도록 하는 것이 좋다.

01 뒷면의 색상을 수정하기 위하여 면의 색상을 설정하는 [Face Settings]아이콘(▣)을 클릭한다.

[[Edit]탭을 클릭하고 [Face Settings]를 클릭한다]

02 뒷면 색상을 나타내는 'Back Color' 항목의 색상박스를 클릭한다

['Back Color' 색상박스를 클릭한다]

03 [Choose Color]창이 나타나면 Picker 항목을 'RGB'채널로 선택한다.

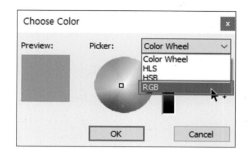

04 R, G, B값을 각각 R: 255, G: 187, B: 68로 수정한 후 [OK]를 클릭한다. 색상은 사용자 임의로 바꾸어도 괜찮으나 빨강, 녹색, 파랑, 기타 회색 계열은 피하는 것이 좋다.

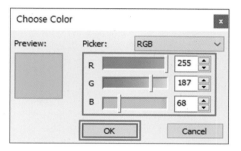

05 뒷면의 색상이 수정된 것을 확인한다.

3.6 Style 업데이트하기

Style의 이름과 설명을 입력한 후 Style 미리보기 이미지를 클릭하여 지금까지 설정한 스타일을 업데이트하고 새로운 스타일로 저장한다.

01 [Select]탭을 클릭하고 'In Model(🏠)'을 클릭한다. 아래에 기존에 있던 'Architectural Design Style'이 나타난다.

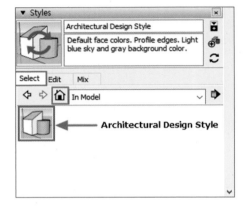

02 Style의 이름을 'My Style'로 바꾸고 Description 란에 간단히 Style에 대한 설명을 적는다. 이때 이름 은 사용자가 알아볼 수 있는 이름으로 주도록 하고 Description란에는 특이한 사항을 적는다(여기서는 기존의 스타일에서 바뀐 Profiles값과 뒷면 색상에 대해 간 단히 적었다).

- Style의 이름: My Style
- 설명: profiles=1, Back color=R: 255 G: 187 B: 68

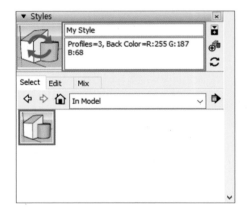

03 오른쪽 그림과 같이 'Update Style with changes'
　　를 클릭하여 업데이트한다.

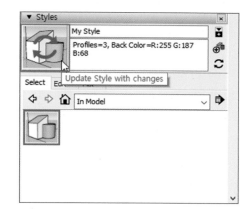

04 오른쪽 그림과 같이 기존의 Style이 'My Style'로 업
　　데이트된다.

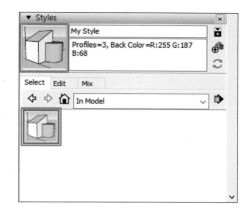

3.7 이미지 편집 프로그램 설정하기

SketchUp으로 모델링 하는 과정에서 재질을 입힐 경우 재질에 사용되는 이미지를 편집하여 사용
할 경우가 있다. 이때 SketchUp과 이미지 편집 프로그램(여기서는 PhotoShop)을 연동시켜 놓으면
편집과정을 보다 쉽고 빠르게 진행할 수 있다.

01   SketchUp 상단의 메뉴바에서 [Window] → [Preferences]를 선택한다.

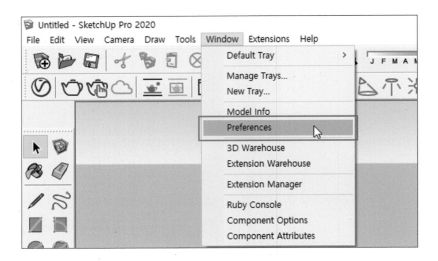

02   클릭하여 나오는 [SketchUp Preferences]창에서 [Applications]항목을 선택하고 Choose(Choose...)

버튼을 클릭한다.

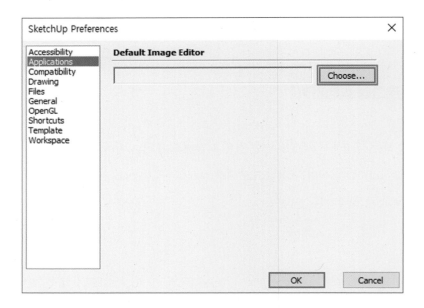

03 나타나는 [Image Editor Browser]창에서 Photoshop.exe 파일을 찾아 선택한 후 [열기]를 클릭한다.

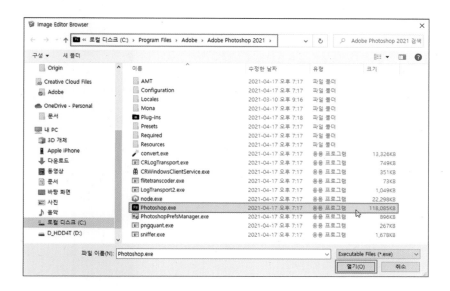

04 이미지 편집 프로그램으로 Photoshop 실행 파일이 선택된 것을 확인한 후 [OK]버튼을 누른다.

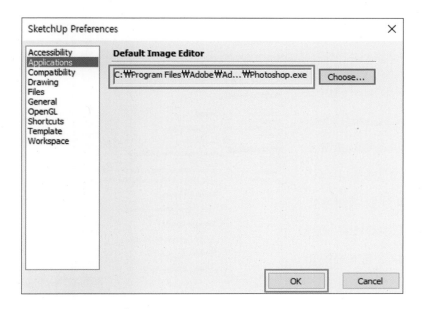

3.8 자동저장시간 수정하기

SketchUp으로 모델링하는 과정에서 틈틈이 저장하는 것은 필수이다. 모델링 및 렌더링 작업을 하다 보면 간혹 컴퓨터들이 작업 과정 중에 멈추거나 프로그램이 작동이 안 될 경우들이 생기게 된다. 이런 경우 대부분 백업파일이 생성되나 예기치 않게 백업파일이 생성되지 않아 작업한 데이터를 모두 잃게 되는 경우가 발생한다. SketchUp은 자동저장시간을 설정하여 작업한 내용을 일정한 간격으로 저장하면서 작업할 수 있다.

01 SketchUp 상단의 메뉴바에서 [Window] → [Preferences]를 선택한다.

02 클릭하여 나오는 [SketchUp Preferences]창에서 [General]항목을 선택한 후 자동저장(Auto-Save)항목에서 30분으로 수정하고 [OK]한다. 너무 짧게 자동저장시간을 설정하게 되면 작업에 방해가 되므로 기본적으로 30분으로 지정한 후 작업과정 중에 자주 저장하도록 한다.

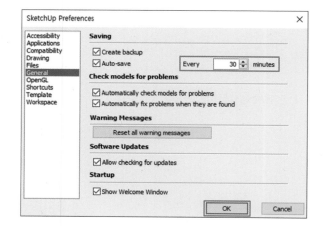

3.9 불필요한 요소들을 장면에서 제거하기

SketchUp으로 작업을 하다 보면 장면 안에 불필요한 Component들이나 비어 있는 Tag들, 사용하지 않는 재질들이 장면에서는 삭제가 되어도 파일 안에 남아 존재하고 있게 된다. 이는 후에 작업속도를 느리게 만들고 뜻하지 않은 에러들이 발생하는 원인이 될 수 있으므로 모델링이 모두 끝나고 나면 파일을 정리하여 파일을 가볍게 만들어주어야 한다.

01 예를 들어 화면의 오른쪽에서 [Default Tray]에서 [Material Tap]을 선택하고 'In Model(🏠)'을 클릭하게 되면 오른쪽 그림과 같은 재질들이 나타난다. 이 재질은 우리가 앞서 삭제한 SketchUp 초기화면에 나타나는 캐릭터의 얼굴과 머리카락, 옷과 소품들에 입혀져 있던 재질들이다.

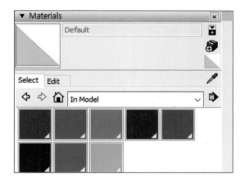

02 두 번째 재질에 커서를 올리고 마우스 오른쪽 클릭을 해서 나오는 창에서 [Delete]를 누른다. 이렇게 하면 선택한 재질이 삭제가 된다. 그러나 여기에 있는 모든 재질을 하나하나 이와 같은 방법으로 삭제하는 하는 것은 상당히 번거로운 작업이다. 다음 과정은 이 작업을 쉽게 할 수 있는 방법이다.

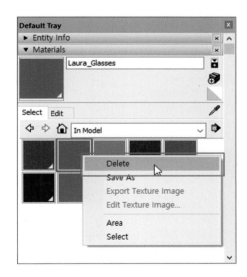

03 SketchUp 상단의 메뉴바에서 Window를 클릭하여 나오는 메뉴에서 Model Info를 선택한다.

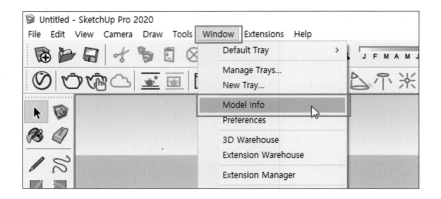

04 나타나는 [Model Info]창에서 Statistics항목을 선택한다. 아래의 리스트를 보면 Material의 개수가 8개인 것을 알 수 있다.

05 [Purge Unused]버튼을 클릭한다. 창을 확인해 보면 기존에 8개였던 재질이 모두 삭제되어 0개로 표시되는 것을 알 수 있다.

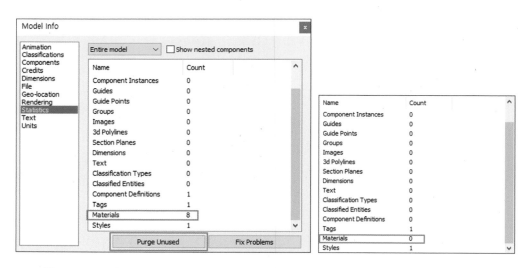

[[Purge Unused]를 클릭하게 되면 8개였던 재질(왼쪽 이미지)이 모두 삭제되어 '0'으로 나타난다(오른쪽 이미지)]

이 기능은 Material 뿐 아니라 파일에 디스플레이 되지 않고 데이터로 숨어 있는 요소들(Component, Group, Tag 등)을
모두 삭제해 줌으로써 파일을 정리하고 용량 또한 줄여준다.

3.10 새로운 Template 저장하기

지금까지 모델링에 적합한 환경으로 몇 가지 설정값을 수정하여 보았다. 이렇게 수정된 내용을 새
로운 Template로 저장하여 두고 앞으로 작업할 때마다 이 Template를 불러서 작업을 하면 일일
이 설정값을 바꾸지 않고 사용할 수 있어 편리하다.

01 SketchUp 상단의 메뉴바에서 File → [Save as Template]를 클릭한다.

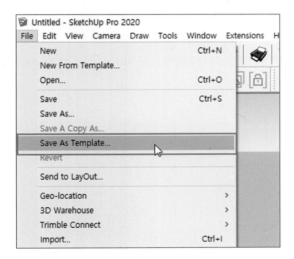

02 나오는 [Save as Template]창에서 템플릿 이름(예: My Basic Settings)과 간략한 설명(My Template)을 입력한 후 [Save]버튼을 클릭하여 새로운 템플릿으로 저장한다

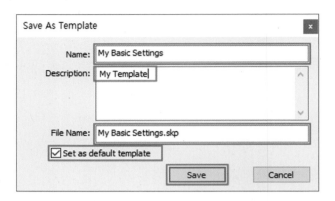

3.11 저장된 Template 확인하기

01 저장한 Template를 확인하기 위해서 SketchUp 상단의 메뉴바에서 [Window] → [Preferences]를 선택한다.

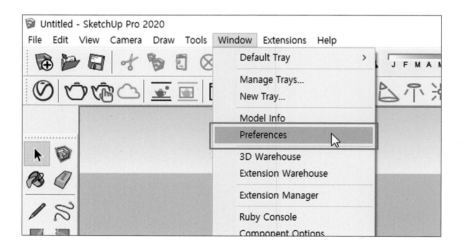

02 클릭하여 나오는 [SketchUp Preferences]창에서 [Template]항목을 클릭한다. 오른쪽 [Default Drawing Template] 영역에 저장한 'My Basic Settings' Template가 생긴 것을 확인한 후 [Ok]한다.

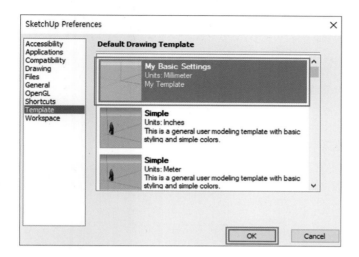

이제부터 SketchUp을 실행하면 'My Basic Settings' Template로 시작된다. 이 Template는 다음의 경로에 저장되어 있다.
C:₩Users₩administrator₩AppData₩Roaming₩SketchUp₩SketchUp 2020₩SketchUp₩Templates

3.12 단축키 설정하기

기본적으로 저장되어 있는 단축키 이외에 작업에 자주 사용되는 기능들의 단축키를 지정해 놓으면 작업의 효율성이 높아진다.

01 SketchUp 상단의 메뉴바에서 [Window] → [Preferences]를 선택한다.

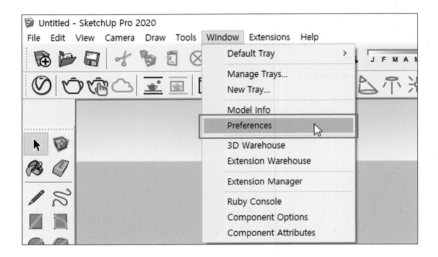

02 클릭하여 나오는 [SketchUp Preferences]창에서 [Shortcuts]항목을 선택한다.

03 Filter 옆의 빈 칸에 Edit/Close Group/Component를 입력한다. Function 영역에 해당 기능이 나타난다.

04 Function 영역에 나타난 Edit/Close Group/Component를 선택하고 Add Shortcut 영역의 아래 빈 칸을 클릭한 후 키보드에서 [Ctrl] Key와 G를 함께 누른다.

대학에서 건축 및 실내건축 전공 학생들에게 컴퓨터를 활용한 디자인 강의를 한 지 어느덧 20여 년이 넘었습니다. 시대의 흐름과 컴퓨터의 발전에 맞춰 새롭게 출시되는 다양한 프로그램들을 다루어 보면서 학생들이 보다 쉽게 이해할 수 있고, 이를 건축 및 실내건축 설계과정에서 적극적으로 활용할 수 있는 프로그램이 어떤 것인지, 또 어떻게 지도를 해야 학생들이 효과적으로 설계 프로젝트에 적용할 수 있는지에 대해 항상 고민을 해 왔습니다.

그 과정에서 단시간에 놀라운 속도로 많은 사용자층을 확보하면서 현재에 이르게 된 SketchUp을 접하게 되었습니다. SketchUp 자체는 3차원 모델링 도구이기에 SketchUp으로 모델링한 공간을 실사에 가까운 이미지로 표현해줄 수 있는 V-Ray for SketchUp이 출시되면서 SketchUp은 렌더링 기능까지도 가능하게 되었습니다.

이 책은 SketchUp을 사용할 수 있으나 V-Ray는 아직 생소한 학생들과 실무자들을 위해 집필하였습니다. 어려운 용어와 낯선 인터페이스 때문에 V-Ray를 시작하는 것이 망설여지는 분들도 보다 쉽게 배우고, 바로 실무에 적용할 수 있도록 많은 예제를 활용하여 V-Ray의 기능 및 렌더링 프로세스에 대해 익힐 수 있도록 하였습니다. V-Ray의 렌더링 프로세스에 대한 이해는 학생들이나 실무자들이 앞으로 만나게 될 다양한 프로젝트를 응용할 수 있도록 해줄 것입니다. 또한 V-Ray를 가르치고 활용할 수 있게 된 지금, 다양한 책과 인터넷을 통해 배운 지식과 교육 현장 및 실무 경험을 바탕으로 한 노하우를 이 책에 담으려고 노력하였습니다.

V-Ray의 처음 시작은 어려울 수 있으나 반복하여 학습을 하다 보면 어느덧 자신감이 붙게 되고 점점 흥미를 느끼게 될 것입니다. 어느 시점에 이르러서는 렌더링하는 일들이 즐거워질 것입니다.

아키비즈 디자인을 높여주는

스케치업 V-Ray

V-Ray for SketchUp

최희이·안유정 지음

이러한 놀라운 경험을 이 책을 보시는 여러분 모두가 습득하실 수 있기를 바랍니다.

마지막으로 감사의 말씀을 전하고 싶은 분들이 있습니다.

항상 강의실에서 초롱초롱한 눈으로 강의를 들어주는 사랑하는 학생들을 보면서 이 책을 출간하고자 하는 계기가 되었습니다. 책을 쓸 동안 옆에서 힘이 되어준 가족들, 이 책이 출판될 수 있도록 도와주신 대가출판사 대표님과 편집부 직원에게 감사의 말씀을 드립니다.

2022년 4월 봄

저자 씀

CONTENTS

05 Add Shortcut의 '+(+)'아이콘을 누르면 [Ctrl + G]가 Edit/Close Group/Component의 단축키로
지정된다.

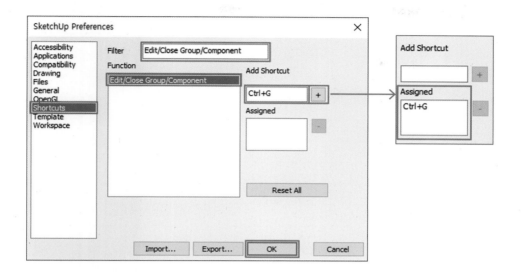

이러한 방식으로 아래의 단축키 목록을 참조하여 단축키를 입력한다. 기본적으로 지정되어 있는 단축키들이 굵은 글씨로 표
시되어 있다.

Shortcuts	
select	Space bar
Paint Bucket	B
Eraser	E
Rectangle	R
Line	L
Circle	C
Arc	A
Move	M
Push/Pull	P
Rotate	Q
Scale	S
Offset	F
Tape Measure	T
Orbit	Mouse wheel Click-Drag
Pan	Mouse wheel Shift + Click-Drag
Zoom	Z
Edit/Close Group/Component	Ctrl+G
Edit/Delete Guides	Ctrl+E
Edit/Hide	H
Edit/Make Group	G
Edit/Paste In Place	Ctrl+Shift+V
Edit/Unhide/Last	Shift+H
Camera/Parallel Projection	F8
Camera/Zoom Extents	Shift+Z
View/Component Edit/Hide Rest of Model	Ctrl+M
View/Face Style/Wireframe	F3
View/Face Style/X-ray	F2
View/Face Style/Shaded With Texture	F4
Window/Hide Dialogs	Ctrl+D

제 2 강

V-Ray의 환경 설정하기

강의 목표

본 강의에서는 V-Ray를 활용하여 렌더링하기 위한 기본적인 환경설정에 대해 알아본다.
가장 최적화된 V-Ray 렌더링 환경을 만들기 위해 여러 가지 옵션의 특성에 대해 학습하고
이를 저장하여 앞으로의 렌더링 작업 시 활용하도록 한다.

렌더링이란 3차원으로 모델링된 공간이나 객체를 컴퓨터를 사용하여 빛(자연조명, 인
공조명), 그림자, 위치 및 각종 재질(반사, 굴절, 범프 등)과 같은 외부 정보를 계산하여
사실과 같은 2차원 이미지로 뿌려주는 과정을 말한다.

1. 기본 렌더링하기

먼저 SketchUp V-Ray의 기본 설정값(Default Option)으로 렌더링을 해보고 렌더링된 이미지를 저장하는 방법과 저장된 이미지 파일 형식의 특징에 대해 알아보도록 한다.

1.1 렌더링을 위한 작업환경 만들기

01 모델링 파일과 렌더링된 이미지 파일, 기타 파일들이 저장될 드라이브에 'V-Ray Practice' 폴더를 만든 후 그 폴더 아래에 '01 Files, 02 Render History, 03 Images, 04 Maps, 05 Components, 06 ETC' 같은 이름으로 하위 폴더를 만든다(오른쪽의 그림 및 표 참고). 01 Files 폴더에는 모델링 파일이나 수업에 사용할 실습파일을, 02 Render History 폴더에는 [VFB Histoy]창에 저장되는 vrimg 파일들을 저장한다. 03 Images 폴더에는 렌더링된 이미지를, 04 Maps 폴더에는 재질에 사용될 이미지를, 05 Components 폴더에는 3D Ware House에서 다운로드 받아서 사용할 파일들을, 그리고, 06 ETC 폴더에는 V-Ray 연산 데이터 파일, vropt(사용자 지정 V-Ray 설정값) 등을 저장할 것이다.

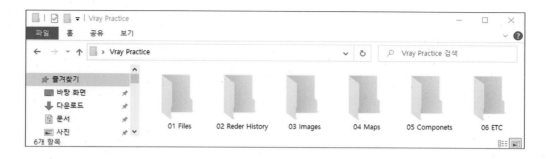

폴더 이름	저장할 내용
01 Files	모델파일, 실습파일(.skp)
02 Render History	[VFB Histoy]창에 저장되는 vrimg파일들
03 Images	렌더링된 이미지들
04 Maps	재질을 표현하는 데 사용할 이미지들(jpg, png 등)
05 Components	3D Ware House에서 다운로드 받아서 사용할 파일들
06 ETC	V-Ray 연산데이터 파일, vropt(사용자 지정 브이레이 설정값)파일 등

02 SketchUp(🗒)을 더블클릭하여 실행하고 지난 시간에 만들었던 'My Basic Setting' Template를 찾아서 클릭하여 오픈한다.

03 SketchUp화면에 V-Ray Toolbar가 보이지 않을 경우 상단의 메뉴바에서 [View] → [Toolbars]를 선택한다.

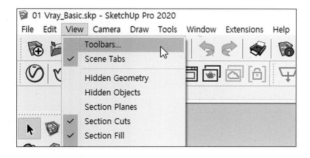

04 나타나는 [Toolbars]창의 [Toolbars] 탭에서
V-Ray for SketchUp, V-Ray Lights, V-Ray
Objects, V-Ray Utilities를 체크 한 후 [Close]를
클릭하여 [Toolbars]창을 닫는다.

05 나타난 V-Ray Toolbar들은 모두 SketchUp의
화면 상단으로 이동하여 고정시켜 배치해 놓는다.

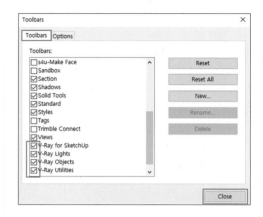

1.2 렌더링하기

01 이번 강의에서 사용할 '01 Vray_Basic.skp' 파일을 찾아서 복사한 후 '01 Files' 폴더에 붙여 넣는다.

02 상단의 메뉴바에서 [File] → [Open]하여 '01 Vray_Basic.skp' 파일을 불러온다.

03 이번 강의에서 사용한 [V-Ray for SketchUp]도구모음의 모습 및 명칭은 아래 그림과 같다.

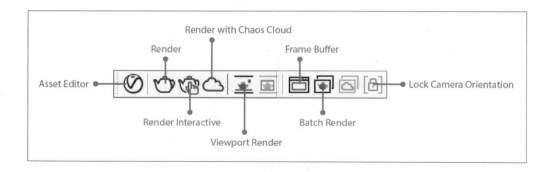

04 [V-Ray for SketchUp]도구모음에서 Render(○)버튼을 눌러 V-Ray의 기본 설정값으로 렌더링된 이
미지의 결과를 확인한다

렌더링이 시작되면 렌더링 이미지가 나타나는 [V-Ray frame buffer]창이 나타나면서 렌더링 진행과정을 실시간으로 확인할 수 있다.

05 [V-Ray frame buffer]창의 상단 왼쪽 부분에는 렌더링 크기(800X450)가 표시되며 렌더링이 끝나게 되면 [V-Ray Progress Window]창에 'Finished'가 나타난다.

06 [V-Ray frame buffer](앞으로는 'VFB'로 표기)는 'Show Frame Buffer(⬛)'를 클릭해도 나타난다.

1.3 렌더타임 표시하기

V-Ray는 렌더링할 때 시간이 꽤 소요가 된다. 따라서 렌더링할 공간이나 오브젝트가 렌더링되는

시간을 체크해 두는 것은 작업시간을 관리할 때 매우 중요한 부분이다.

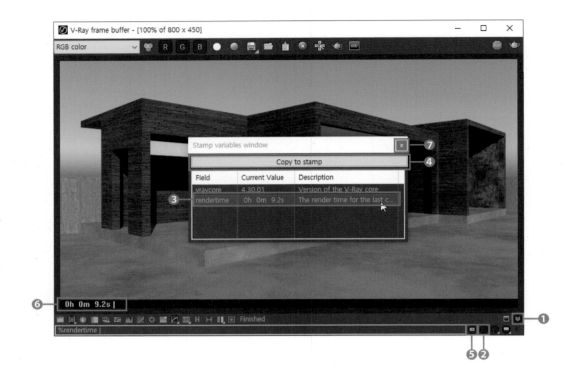

01 렌더링할 때 걸리는 시간인 렌더타임을 확인하기 위해 [VFB]창의 하단 오른쪽에 있는 'Show stamp controls(⌄)'을 클릭하면 렌더창의 아래에 옵션이 나타난다.

02 [Insert variables(■)]를 클릭해 렌더링 정보가 표시되는 [Stamp variables window]창을 나타나게 한다.

03 'rendertime' 항목을 클릭한다.

04 렌더링 이미지에 표시하기 위해 'Copy to stamp' 버튼을 클릭한다.

05 'Apply stamp(■)'를 클릭한다.

06 렌더링 이미지에 있는 렌더타임을 확인한다.

07 [Stamp variables window]창을 닫는다.

08 렌더타임을 렌더링 이미지에 표시하지 않으려면 활성화되어 있는 'Apply stamp(▣)'를 다시 클릭해
　　비활성화 시킨다.

1.4 렌더링 비율 설정하기

01 렌더링된 이미지를 보면 스케치업의 작업영역의 비
　　율과 렌더링 이미지의 비율이 차이가 나는 것을 알 수
　　있다. 이는 V-Ray for SketchUp의 기본옵션의 렌더
　　링 크기가 800X450으로 되어 있기 때문이다.
　　렌더링 크기를 작업영역의 비율과 맞추기 위해
　　[V-Ray for SketchUP] 도구모음의 [Asset
　　Editor(⊘)]를 클릭하여 나오는 [V-Ray Asset
　　Editor]창에서 각종 환경을 설정하는 Settings(⚙)
　　을 클릭한다.

02 렌더링된 이미지의 출력(크기, 비율, 자동저장 여부 등)
　　에 대한 옵션을 설정하는 [Render Output]탭을 클
　　릭하여 확장시킨다.

03 'Aspect Ratio' 옵션의 내림버튼(▼)을 클릭한다.

04 자신의 모니터에 맞는 비율을 선택한다(본 실습에서는
　　'16:9 - Widescreen'을 선택하였음).

05 [Safe Frame] 버튼을 클릭하여 활성화시킨다.

06 [V-Ray Asset Editor]창의 'Render with V-Ray(📷)'를 클릭하여 렌더링한다.

07 선택한 크기로 렌더링된 것을 확인한다.

1.5 [VFB history]창 표시하기

01 [VFB history]창을 나타나게 하기 위해 [VFB]창의 하단에 있는 'Show VFB history window(H)'를 클릭한다.

02 [VFB]창의 왼쪽에 [VFB history]이 나타난다.

03 'Enable VFB history(⏻)를 클릭하여 [Render history settings]창이 나타나도록 한다.

04 창이 나타나지 않을 경우 'Settings(▤)'를 클릭한 후 'History settings' 메뉴를 선택하여 창이 나타나
  도록 한다.

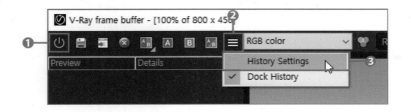

05 경로지정 아이콘(▭)을 클릭하여 만들어놓은 '02
  Render History' 폴더를 찾아 경로로 지정한 후 자
  동으로 렌더링 이미지를 저장하는 'Auto Save' 옵션
  에 체크표시를 하고 [OK]를 클릭한다.

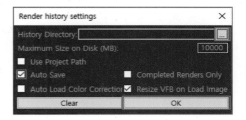

06 [Render history]창의 'Save(▤)' 버튼을 클릭하여
  'Render history'에 렌더링된 이미지를 저장한다.

07 이와 같이 'Render history'에 렌더링된 이미지는 지
  정한 '02 Render History' 폴더에도 'VRIMG' 형식으
  로 저장된다.

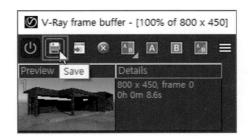

1.6 출력채널 확인하고 채널별로 이미지 내보내기

01 [VFB]창의 내림버튼(☑)을 클릭하면 기본채널인 RGB color 채널과 흑백으로 구성된 Alpha 채널이
보인다. 렌더링을 완료하면 한 장의 이미지가 아닌 두 장의 이미지로 내보내기(저장)할 수 있다.

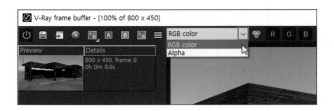

02 [VFB]창의 'Save current channel(🖼)' 아이콘을 길게 눌러 저장 아이콘들이 나타나면 모든 채널 이
미지를 저장하는 'Save all image channel to separate files(🖼)'를 클릭한다. 저장경로로 만들어 놓
았던 '03 Images' 폴더로 지정한다.

03 파일 이름을 지정하고(예: Basic), 파일형식은 png로 선택한 후 [저장]버튼을 클릭한다.

04 bmp, jpg, tif 파일 형식으로도 저장하여 각각의 파일 포맷이 가진 특징을 확인해본다.

+ 파일 형식의 특성

렌더링 이미지는 다양한 파일형식으로 저장할 수 있다. 일반적으로 많이 사용하는 파일형식은 png, bmp, tif이다. 가장 일반
적인 jpg 파일형식은 이미지의 품질이 좋지 않으므로 사용하지 않는다.

1) 배경의 유무: jpg, bmp 파일 형식으로 저장된 이미지는 배경이 보이고 png, tif 파일 형식으로 저장된 이미지는 배경이 투
명하게 저장된다. Tif 파일형식은 Photoshop에서 Open하였을 경우 배경이 나타나며 Alpha 채널이 추가되어 있다.

2) 용량: 저장된 각각의 파일 형식의 용량을 확인해보면 jpg 파일형식이 가장 작고 tif 파일형식이 가장 용량이 크다. 파일용
량이 작다는 것은 압축을 많이 해서 이미지의 품질이 좋지 않다는 의미이고 반대로 파일의 용량이 크다는 것은 압축을 적
게 해서 이미지의 품질이 좋다는 의미이다. 그러므로 V-Ray for SketchUp의 렌더링 이미지는 jpg 파일형식으로는 저장
하지 않도록 한다.

3) 이미지의 합성: 배경이 투명하게 저장되는 png 파일형식은 배경을 합성할 때 활용할 수 있으므로 V-Ray for SketchUp
의 렌더링 이미지를 저장할 때 가장 많이 사용한다.

2. 렌더링 품질 설정하기

2.1 렌더링 품질 설정하기

01 렌더링이 완료된 이미지(1번 이미지)를 살펴보면 이미지에 얼룩이 많다는 것을 알 수 있다. 이는 렌더링
    의 품질이 낮아서 생기는 현상으로 렌더링 이미지의 품질을 올리면 사라지게 된다.

02 렌더링 이미지의 품질을 올리기 위해 [V-Ray Asset
    Editor]창의 Settings(⚙)를 클릭하고 [Renderer]
    탭의 렌더링 품질을 설정하는 'Quality' 옵션의 슬라
    이드를 오른쪽으로 움직여 'High'로 설정하고 렌더링
    한다. 옵션이 'Medium'일 때보다 렌더타임이 길어지
    므로 기다린다.

2.2 렌더타임 비교하기

01 렌더링이 되면 [VFB] 창의 좌측에 있는 [VFB history]창에서 렌더링 이미지의 품질과 렌더타임을 확인
    한다.

02 [VFB history]창은 이미지를 순차적으로 저장하게
되므로 새로 렌더링된 이미지가 1번으로, 먼저 렌더
링된 이미지는 2번으로 순서가 바뀌게 된다. 즉, 가장
최근에 렌더링된 이미지가 1번으로 표시되고 가장 위
에 배치된다. 새로 렌더링된 1번 이미지를 보면 렌더

링 이미지의 품질은 좋아졌지만(바닥부분의 얼룩이 사라진 것을 확인한다) 렌더타임은 많이 길어진 것을 알
수 있다. 이 경우를 살펴보면 1번 이미지는 33.4초, 2번 이미지는 9.6초가 걸린 것을 확인할 수 있다(렌
더링 시간은 개인 컴퓨터 시스템에 따라 차이가 있을 수 있다).

2.3 렌더링 품질 비교하기

01 [VFB] 창에서는 두 장의 이미지를 비교해 볼 수 있다. [VFB history]창에서 2번 이미지를 선택하고 'Set
B(🅱)'를 클릭해 [VFB]창의 오른쪽에 나타나도록 한다.

02 나타난 흰색의 세로 바를 클릭한 채로 좌우로 움직이면서 1번과 2번 이미지의 렌더링 품질을 비교해 본다.

03 흰색의 세로 바를 안보이게 하려면 [VFB]창의 상단에 있는 'Compare horizontal(▣)'을 클릭해 비활성화 하거나 다시 렌더링을 하면 사라진다.

2.3 렌더링 품질 설정하기

01 'Settings(⚙)' 옵션창의 펼침 아이콘(▶)을 클릭하여 숨어있던 오른쪽 창을 펼치면 나타나는 [Quality]탭에 있는 'Noise Limit'의 수치값이 바뀐 것을 확인할 수 있다. 현재 'Rendering Quality'가 'High'인 상태로 'Noise Limit'의 값이 0.01이다. 'Noise Limit' 옵션은 노이즈를 제거해 이미지의 품질을 설정하는 아주 중요한 옵션으로 수치값이 내려가면 노이즈가 제거되어 렌더링 품질은 향상되지만 렌더타임은 증가한다.

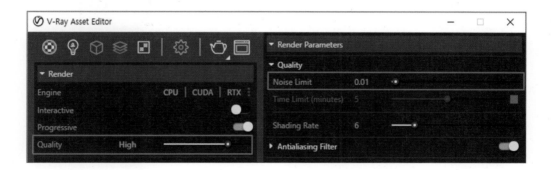

02 [Renderer]탭에서 'Quality' 옵션을 다시 'Medium'으로 설정한다. 오른쪽 창의 [Quality]탭의 'Noise Limit' 옵션의 수치값이 0.05로 자동설정되는 것을 볼 수 있다.

2.4 렌더링 방식을 버킷(bucket)방식으로 바꾸기

01 지금까지 [VFB]창에서 렌더링이 진행 중인 이미지를 확인해 보면 사각형 박스의 버킷(bucket)이 나타나지 않았다는 것을 알 수 있다. 이는 V-Ray for SketchUp(ver.3.4 이상)의 기본옵션이 점진적으로 렌더링을 진행하는 'Progressive' 방식으로 설정되어 있기 때문에 버킷(bucket)이 보이지 않는 것이다. 버킷(bucket) 방식이 Progressive 방식보다 렌더링 진행과정을 보다 더 직관적으로 확인할 수 있기 때문에 이후 진행하는 모든 렌더링은 이 버킷(bucket) 방식을 사용하도록 한다.

02 [Renderer]탭의 'Progressive' 옵션을 비활성화 한 후 렌더링해본다.

03 화면에 버킷(bucket)이 움직이면서 렌더링되는 상황을 보여준다.

04 렌더링이 완료된 이미지들의 렌더타임을 'Render history'창을 통해 비교해 보면 기본 설정인 'Progressive' 방식과 'Bucket' 방식은 렌더타임은 거의 차이가 나지 않는다. 옆의 그림을 보면 1번이 'Bucket' 방식, 3번이 'Progressive' 방식으로 렌더링한 것이다. 앞으로 렌더링 과정을 나타내주는 'Bucket' 방식을 사용하여 렌더링하도록 한다.

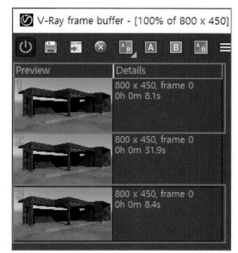

05 현재 저자의 버킷(Bucket)은 8개가 보이는데 이는 저자의 컴퓨터 CPU가 i7이기 때문이다. CPU가 i5일 경우 4개, i3일 경우 2개가 나타난다. 따라서 이 버

킷(Bucket)의 개수가 많을수록 렌더링 속도가 빠르게 되므로 V-Ray를 사용하여 렌더링하기 위해서는 CPU를 i7 이상의 사양을 사용하기를 권장한다.

+ 렌더링 방식

1) Interactive: 실시간 렌더링 방식으로 렌더링 중에도 각종 옵션 및 재질값을 수정하면 렌더링에 바로 반영이 된다.

2) Progressive: 점진적으로 렌더링을 진행하는 방식이다.

3) Bucket: Interactive 방식과 Progressive 방식이 비활성화되어 있을 때의 방식으로 사각형 버킷이 돌아다니면서 렌더링을 진행하는 방식이다.

3. 최적화된 V-Ray 옵션값 설정하기

V-Ray for SketchUp은 두 개(Primary Rays, Secondary Rays)의 GI 타입의 조합으로 렌더링이 이루어지므로 두 개의 타입을 어떻게 조합하느냐가 렌더링 품질과 렌더타임에 큰 영향을 미치게 된다. 따라서 이 GI타입의 조합은 매우 중요하다.

3.1 GI 타입 확인하고 수정하기

01 [V-Ray Asset Editor]창의 펼침 아이콘(▶)을 클릭하여 나타난 숨어있던 오른쪽 창에 있는 [Global Illumination]탭 앞에 있는 펼침버튼(▶)을 클릭하여 하위메뉴가 나타나도록 한 후 'Primary Rays' 타입에서 오른쪽에 있는 내림버튼(▼)을 클릭하여 기본 설정값인 'Brute force'에서 'Irradiance map'으로 수정하고 렌더링해 본다.

02 놀라울 정도로 빨라진 렌더링 타임과 렌더링 품질이 향상된 것을 확인할 수 있다.

3.2 그림자의 경계면 설정하기

01 [V-Ray Asset Editor]의 왼쪽 창에서 렌더링 이미지
의 주변환경을 설정하는 [Environment]탭의
'Background' 옵션의 맵버튼(￭)을 클릭한다.

02 [Sky]옵션창이 나타나도록 하고 그림자 경계면의 부드러움을 설정하는 'Size Multiplier' 옵션의 수치
값을 '2'로 수정한다. 'Size Multiplier' 옵션은 그 수치값을 올리면 그림자 경계선의 부드러운 정도가 증
가한다.

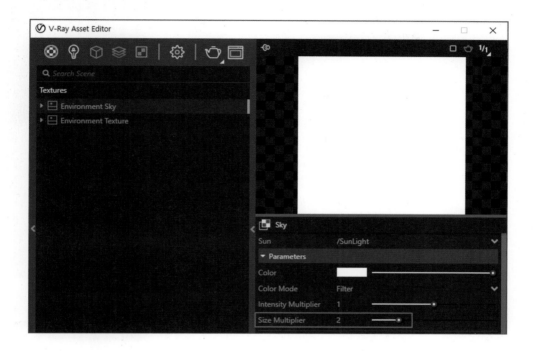

03 렌더링하여 그림자의 경계면이 부드러워진 것을 확인한다.

각 옵션의 수치값을 설정할 때 수치 입력란을 마우스로 클릭한 후 키보드로 입력하는 것이 슬라이더를 이용하여 조절하는 것
보다 편리하다.

3.3 환경 색상 및 대기상태 설정하기

01 이번에는 환경 색상을 설정하기 위해 [Sky]옵션창에
서 'Sky Model' 옵션에 'Hosek et al'이 설정된 것을
확인 후 내림버튼(☑)을 클릭하여 'CIE Clear' 타입
으로 수정한다.

02 렌더링하여 비교하여 보면 기본으로 설정되었던
'Hosek et al'보다 'CIE Clear'로 설정하여 렌더링한
이미지의 전체적인 색감이 더 좋아진 것을 확인한다
(여기서는 흰색의 세로바를 중심으로 왼쪽 이미지가 'CIE
Clear', 오른쪽 이미지가 기존의 'Hosek et al' Sky Model
로 렌더링된 것이다).

03 다시 [Sky]옵션창에서 대기의 흐림 정도를 설정
하는 'Turbidity' 옵션의 수치값을 '2'로 설정한다.
'Turbidity' 옵션의 경우 수치값을 내리면 맑게, 수치
값을 올리면 흐리게 표현된다(수치값을 '4' 또는 '8'로 바
꾸어서 테스트해본다).

04 렌더링하여 확인한다. 아래의 그림은 흰색의 세로 바
를 중심으로 왼쪽 이미지가 'Turbidity' 옵션의 수치
값이 '2'로, 오른쪽 이미지가 기존의 '2.5'값으로 렌더
링된 것이다.

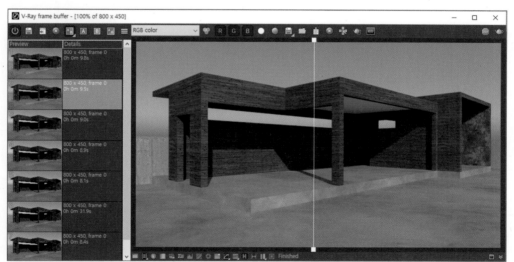

05 아래 그림은 흰색 줄의 세로 바를 중심으로 왼쪽 이미지가 'Turbidity' 옵션의 수치값이 '8'로, 오른쪽 이미지가 수정된 '2'값으로 렌더링된 것이다. 그 값에 의해 대기의 흐림 정도가 명확하게 보인다.

3.4 Albedo Color 확인하고 Blend Angle 설정하기

01 [Sky]옵션창의 오른쪽에 있는 슬라이드 바를 내려 'Ground Albedo' 옵션이 보이도록 한다. SketchUp의 [Tags] Tray에서 '04.Fence' Tag의 눈모양 아이콘(👁)을 클릭하여 보이지 않도록 한다.

02 렌더링하여 하늘과 지면이 렌더링된 모습을 확인한다. Albodo Color의 색상을 수정하려면 Albedo Color의 색상박스를 클릭하여 원하는 색상으로 설정하면 된다.

> • **Albedo(반사계수):** 태양으로부터 오는 빛의 반사 정도를 나타내는 양으로 입사광의 강도비를 뜻한다.
> • **Blend Angle:** 하늘과 지면 색상이 섞이는 범위를 설정하는 옵션으로 수치값을 올리면 섞이는 범위가 증가하고 수치값을 내리면 섞이는 범위가 감소하며 최소값인 '0'으로 설정하면 지평선 부분이 섞이지 않고 선명하게 구분된다.

03 지평선과 하늘 사이의 색이 혼합되는 각도 및 범위를 설정하는 'Blend Angle'의 수치값을 '1'로 설정하고 렌더링해 본다. 아래 오른쪽 이미지를 살펴보면 흰색 줄의 세로 바를 중심으로 왼쪽 이미지가 지평선 위로는 Albedo Color가 표현되지 않는 것을 알 수 있다.

04 SketchUp의 [Tags] Tray에서 '04.Fence' Tag의 눈모양 아이콘(👁)을 클릭하여 담장이 나타나도록 한 후 렌더링해서 비교해 본다.

3.5 SketchUp의 Style 수정하기

01 다시 SketchUp의 [Tags] Tray에서 '04.Fence' Tag의 눈모양 아이콘(👁)을 클릭하여 보이지 않도록 한다.

02 SketchUp에서는 지평선을 기준으로 색감이 구분되므로 지평선의 위치는 렌더링 시 매우 중요하다. SketchUp의 [Style]Tray가 나타나도록 한 후 In Model(🏠)을 클릭하고 [Edit]탭을 클릭한다. SketchUp의 배경 스타일을 설정하는 'Background Settings(🔲)'를 클릭하고 'Sky' 옵션, 'Ground' 옵션에 체크표시를 하면 SketchUp 화면에 지면이 표시되면서 지평선을 확인할 수 있다.

[Sky와 Ground 항목이 체크되면서 지평선이 나타난 이미지]

03 그러나 SketchUp에서는 하늘과 지면을 표시하지 않으므로 'Sky' 옵션, 'Ground' 옵션에 체크표시를
    해제한다.

 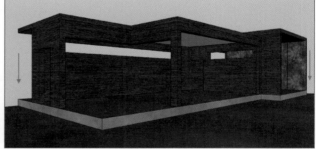

[오른쪽 이미지에서 하늘과 지면의 경계선이 보이지 않게 된 것을 확인할 수 있다]

04 [Select]탭을 클릭하고 Style를 업데이트한다.

05 SketchUp의 [Tags] Tray에서 '04.Fence' Tag의 눈모양 아이콘(👁)을 클릭하여 다시 '04.Fence'
    Tag'가 보이도록 한다.

06 렌더링하여 확인한다.

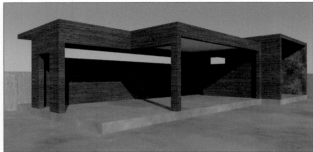

3.6 [Raytrace]탭의 고급옵션을 이용하여 이미지 선명도 설정하기

01 Settings버튼(⚙)을 클릭해 [Sky]창을 닫고 [V-Ray Asset Editor]창으로 돌아간다.

02 [V-Ray Asset Editor]창의 오른쪽 창에 이미지의 선명도를 설정하는 [Antialiasing Filter]탭을 찾아 왼쪽에 있는 펼침버튼(▶)을 클릭하여 하위메뉴가 나타나도록 한 후 오른쪽에 있는 내림버튼(⌄)을 클릭해 Antialiasing Filter 타입을 가장 선명하게 표현하는 타입인 'Catmull Rom'을 선택한다.

03 렌더링하여 이전의 이미지와 선명도를 비교해본다.

Antialiasing Filter 타입을 'Catmull Rom'으로 바꾸면 렌더링한 오른쪽 이미지가 훨씬 선명하게 보인다.

3.7 Material Override

01 [V-Ray Asset Editor]창에서 Settings(⚙️)을 클릭
해 [Settings]옵션창을 나타나게 한다. 왼쪽 창에서
[Material Override]탭을 확장한 후 'Material
Override' 옵션을 활성화한다.

02 펼침버튼(▶)을 클릭하여 하위메뉴가 나타나도록 한 후 렌더링한다. 렌더링된 이미지를 보면 매핑한 Material이 표현되지 않고 [Material Override]옵션의 Override Color로만 렌더링되었고 렌더타임 도 빠르다는 것을 알 수 있다

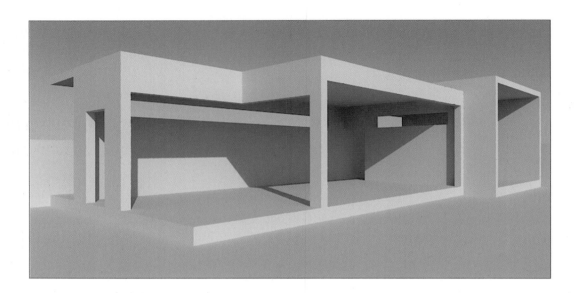

Material Override 렌더링: [Material Override]옵션을 활성하면 선택한 색상으로만 렌더링이 빠르게 진행되기 때문에 그림자의 방향, 객체의 볼륨감, 빛의 세기, 환경 색상, 객체에 반영되는 색감 등을 확인할 수 있다. 색상을 수정하려면 Override Color의 색상박스를 클릭하여 원하는 색상을 설정하면 된다. 완전한 흰색(R:G:B=255:255:255)을 선택하게 되면 빛을 집중적으로 받는 부분에 눈부심 현상이 발생할 수 있다.

3.8 Ambient Occlusion

01 [V-Ray Asset Editor]창에서 Settings(⚙)을 클릭해 [Settings]옵션 창을 나타나게 한다.

02 [Settings]창의 오른쪽 창에 있는 [Global Illumination]탭을 확장한다. Switch To Advanced Setting(▤)를 클릭하여 고급 옵션을 나타낸다.

03 객체 경계면의 음영을 표현하여 디테일을 살려 주기 위해 [Ambient Occlusion]탭에서 활성화 버튼을 클릭하여 활성화 시킨 후 렌더링한다. 렌더링이 완료된 이미지를 보면 객체의 경계면에 음영이 표현된 것을 알 수 있다.

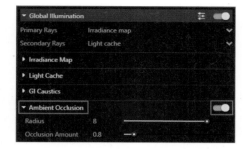

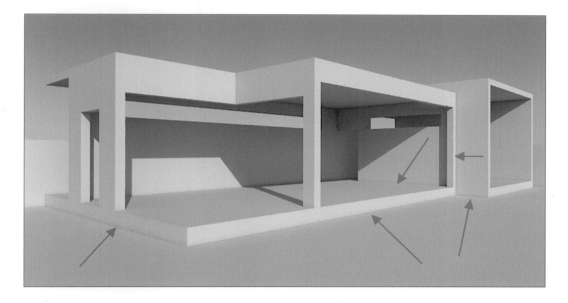

04 [Ambient Occlusion]옵션 탭 앞에 있는 펼침버튼 (▶)을 클릭하여 하위메뉴가 나타나도록 한 후 Radius값을 '10', Occlusion Amount값을 '2'로 바

꾸고 렌더링해준다. 경계선이 짙어지고(Occlusion Amount), 짙어진 범위가 넓어진 것(Radius)을 확인한다.

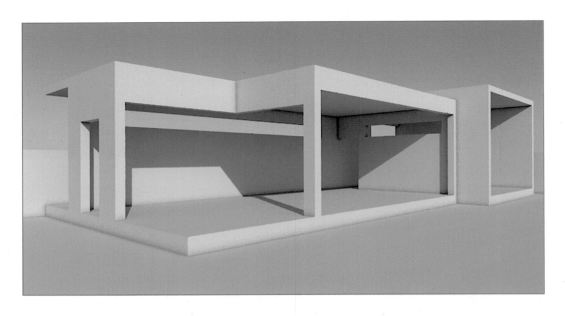

05 이번에는 원하는 Material만 Material Override 효과에서 제외하기 위해 SketchUp의 [Tags] Tray 에서 '06. Spheres' Tag의 눈모양 아이콘(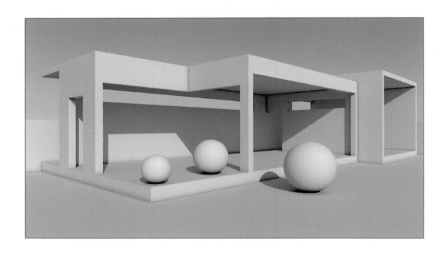)을 클릭하여 보이지 않았던 '구' 오브젝트를 나타나게 한 다. 이 오브젝트는 'Aluminum_Polished'라는 반짝이는 금속재질로 되어 있다.

06 렌더링해본다.

07 [V-Ray Asset Editor]창에서 Materials()을 클릭한다.

08 'Override' 효과를 제외할 Material인 'Aluminum_Polished'를 선택하고 오른쪽 창에 있는 'Can be Overridden' 옵션의 체크표시를 해제하여 렌더링해 본다.

09 해당 Material만 Material Override 렌더링 시 원래의 Material로 렌더링된다.

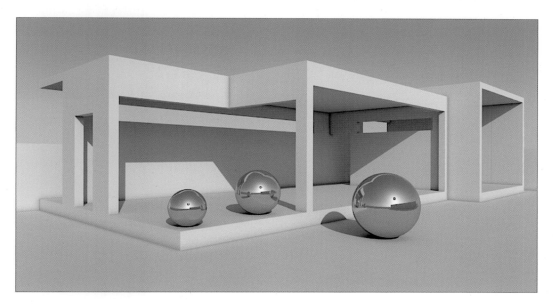

3.9 V-Ray 옵션 저장하기

01 [V-Ray Asset Editor]창에서 Settings(⚙)를 클릭하고 [Material Override]옵션을 비활성화하고 렌더링한다.

02 지금까지 설정한 내용을 V-Ray 옵션으로 저장하기 위해 [V-Ray Asset Editor]창의 왼쪽 하단에 있는 'Save Render Setting To File(💾)'을 클릭한다.

['Save Render Setting To File(💾)'을 클릭한다]

03 V-ray 옵션 파일을 저장할 폴더로 전에 만들어 놓았던 '06 ETC' 폴더를 지정한 후 파일이름을 'daylight'로 입력하고 [저장]버튼을 클릭한다.

[경로를 지정한 후 파일이름을 입력하고 [저장]버튼을 클릭한다]

04 Default값으로 되돌리기 위해 [V-Ray Asset Editor]창의 왼쪽 하단에 있는 'Revert to Default Render Settings()'를 클릭한다.

05 V-Ray 옵션을 기본값으로 되돌린 후 각 탭들의 옵션을 살펴보면 수정한 옵션들이 모두 기본 설정값으로 바뀌어져 있는 것을 확인할 수 있다.

06 기본 설정값으로 다시 렌더링한다.

07 이제 저장한 옵션을 불러오기 위해서 [V-Ray Asset Editor]창의 왼쪽 하단에 이 있는 'Load Render Setting From File()'을 클릭해 저장한 'daylight. vropt' 파일을 선택한 후 [열기]버튼을 클릭해 현재 파일에 적용한 다음 렌더링한다.

08 05번에서 기본 설정값으로 렌더링한 이미지와 비교하면 렌더링 이미지에 많은 변화가 있는 것을 확인할 수 있다. 이처럼 최적화된 V-Ray 옵션을 만들고 저장하면 매우 편리하다.

[왼쪽 이미지는 V-Ray 렌더링에 최적화된 설정값으로 렌더링된 이미지이고 오른쪽은 기본 설정값으로 렌더링된 이미지이다]

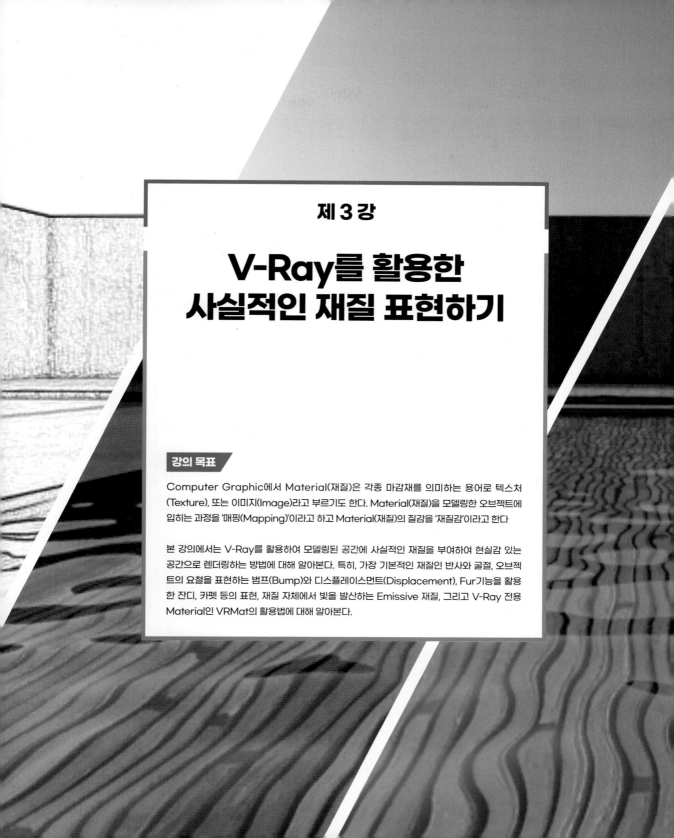

제3강

V-Ray를 활용한
사실적인 재질 표현하기

강의 목표

Computer Graphic에서 Material(재질)은 각종 마감재를 의미하는 용어로 텍스처
(Texture), 또는 이미지(Image)라고 부르기도 한다. Material(재질)을 모델링한 오브젝트에
입히는 과정을 '매핑(Mapping)'이라고 하고 Material(재질)의 질감을 '재질감'이라고 한다

본 강의에서는 V-Ray를 활용하여 모델링된 공간에 사실적인 재질을 부여하여 현실감 있는
공간으로 렌더링하는 방법에 대해 알아본다. 특히, 가장 기본적인 재질인 반사와 굴절, 오브젝
트의 요철을 표현하는 범프(Bump)와 디스플레이스먼트(Displacement), Fur기능을 활용
한 잔디, 카펫 등의 표현, 재질 자체에서 빛을 발산하는 Emissive 재질, 그리고 V-Ray 전용
Material인 VRMat의 활용법에 대해 알아본다.

1. 반사가 있는 재질 표현하기

일반적으로 Computer Graphic(컴퓨터 그래픽)에서 반사(Reflection)의 의미는 주변의 사물들이 오브젝트에 비쳐지는 현상을 의미한다. 실제로 반사는 직진하는 파동(물질 또는 공간의 어느 지점에서 시작된 진동이 퍼져나가는 현상)이 오브젝트에 부딪혀 다른 방향으로 방향을 바꾸는 물리적인 현상이다.

1.1 재질감 확인하고 반사표현 해보기

01 'Vray Practice' 폴더 아래에 있는 '01 Files'에 '02 Vray_Material.skp' 파일을 저장한다.

02 SketchUp(📄)을 더블클릭하여 실행하고 '02 Vray_Material.skp'파일을 찾아 오픈한다.

03 File〉Save as로 '02 Vray_Material_Test.skp'로 저장한다(이는 원본은 유지하고 실습하기 위해서 다른 이름으로 저장하는 것이다).

04 파일을 살펴보면 총 10개의 장면(Scene)으로 이루어져 있다. 각 장면(Scene)의 이름은 01

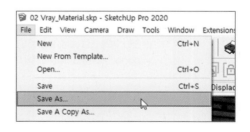

Reflection(반사), 02 Refraction(굴절), 03 Bump(범프). 04 Displacement(디스플레이스먼트) A, 05

Displacement(디스플레이스먼트) B, 06 Displacement(디스플레이스먼트) C, 07 Fur(퍼) A, 08 Fur(퍼) B, 09 Emissive(자체발광), 10 VRMat(브이레이 전용 매터리얼)이며 각 Scene에서 배우게 될 재질의 이름으로 되어 있다.

05 먼저 '01 Reflection' Scene이 선택되어 있는지 확인한다. 만일 선택되어 있지 않다면 SketchUp의 Selection Tool(▶)로 '01 Reflection' Scene을 클릭한다.

06 먼저 'Render(◎)' 버튼을 클릭하여 장면을 렌더링해본다. 보이는 'Drop Chair'의 다리부분은 미리 반사값을 가진 금속으로 설정해 놓은 상태이며 전체적인 렌더링 환경은 우리가 2강에서 설정해서 저장한 'daylight.vropt' 파일을 사용하였다.

[반사재질이 설정되지 않은 상태로 렌더링된 장면]

07 [V-Ray Asset Editor]창의 Materials(⊗)를 클릭하여 [Materials]옵션 창이 나타나도록 한다.

08 'Drop Chair Seat01' 재질을 선택한다. 재질감 미리보기창을 보기 위해서 펼침 아이콘(▶)을 클릭한다.

09 재질감을 확인한다. 현재 아무런 설정이 안되어 있는 상태이다.

10 [V-Ray Asset Editor]창의 오른쪽에 있는 V-Ray 통합 레이어인 [VRayBRDF] 레이어 탭에서 반사를 설정하는 [Reflection]옵션 탭을 클릭해 확장한다.

11 반사값을 설정하는 'Reflection Color' 옵션의 슬라이드 바를 가장 오른쪽으로 이동하고(검정색이던 색상

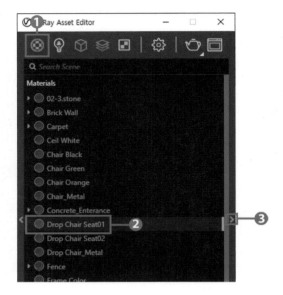

상자가 흰색 색상 상자로 바뀐 것을 확인한다) 재질감 미리보기창에서 재질감을 확인한다. 재질이 반짝이며 반사가 일어나는 것을 확인한다.

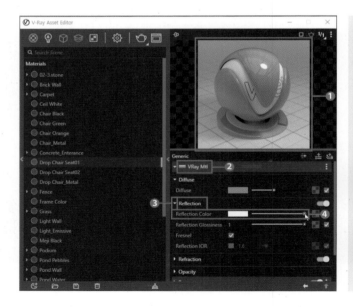

+ 반사값 활성화 시키기

'Reflection Color'의 슬라이드 바를 오른쪽으로 이동하여 흰색이 되었을 때 반사가 활성화된다. 반대로 왼쪽으로 이동하여 검정색이 되었을 경우 반사는 비활성화된다.

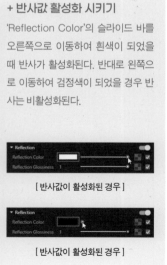

[반사값이 활성화된 경우]

[반사값이 활성화된 경우]

12 'Render()' 버튼을 클릭하여 렌더링 후 재질의 변화를 확인한다.

13 같은 방법으로 'Drop Chair Seat02' 재질도 'Reflection Color' 옵션의 슬라이드 바를 오른쪽으로 이동해 반사재질을 준다.

14 렌더링하여 확인한다. Scene 에 있는 Drop Chair 두 개의 좌석이 반짝이는 재질로 바뀐 것을 확인한다.

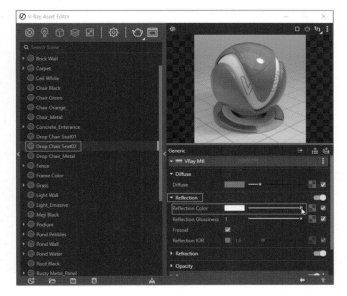

1.2 흐릿한 반사 표현하기

01 이번에는 'Wood_Deck01' 재질을 선택한다.

02 [Reflection] 옵션 탭을 클릭해 확장한다.

03 마찬가지로 반사값을 설정하는 'Reflection Color' 옵션의 슬라이드 바를 가장 오른쪽으로 이동하고, 재질감 미리보기창에서 재질감을 확인한다. 재질이 반짝이며 반사가 일어나는 것을 확인한다.

04 렌더링해보면 나무질감의 데크 부분이 반짝이는 것을 확인할 수 있다.

05 그러나 나무재질의 반짝임이 너
무 심한 것을 볼 수 있다. 반사값
을 낮춰주면 흐릿한 반사를 만들
수 있다. 'Wood_Deck01' 재질
의 'Reflection Glossiness' 옵
션의 수치값에 '0.8'을 입력한다.

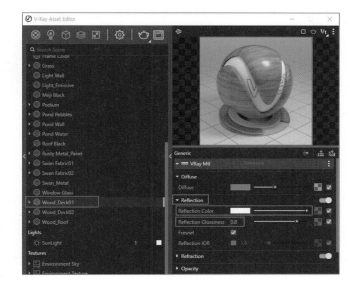

06 렌더링을 해보면 반사값이 '1'인 경우보다 흐릿한 반사가 일어나는 것을 확인한다.

+ 재질 미리보기 방식

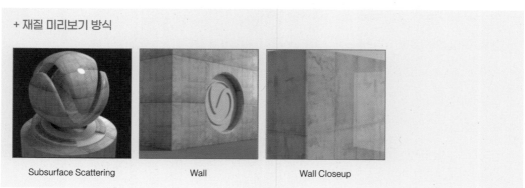

Subsurface Scattering   Wall   Wall Closeup

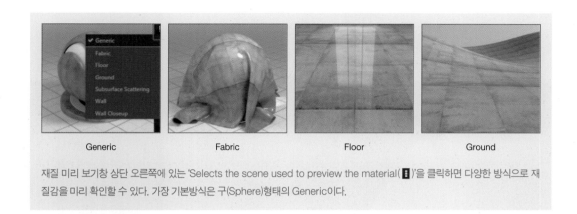

| Generic | Fabric | Floor | Ground |

재질 미리 보기창 상단 오른쪽에 있는 'Selects the scene used to preview the material(▤)'을 클릭하면 다양한 방식으로 재질감을 미리 확인할 수 있다. 가장 기본방식은 구(Sphere)형태의 Generic이다.

1.3 거울 재질 표현하기

원하는 재질을 거울로 표현하기 위해서는 [Reflection]탭에 있는 'Fresnel' 옵션을 체크 해제하고 'Reflection Glossiness' 옵션의 수치값을 '1'로 설정하면 된다

01 'Wood_Deck01' 재질이 선택되어 있는지 확인한다.

02 [Reflection]탭에 있는 'Fresnel' 옵션을 체크 해제한다(재질의 미리보기가 유리 질감으로 바꾼다).

03 'Reflection Color'가 흰색으로 활성화되어 있는지 확인하고 'Reflection Glossiness' 옵션의 수치값을 '1'로 설정한다.

04 렌더링하여 확인하다. 데크의 재질이 거울로 바뀐 것을 알 수 있다.

05 다시 'Fresnel' 옵션을 체크하고 'Reflection Glossiness' 옵션의 수치값을 '0.8'로 설정한다.

06 File〉Save로 지금까지 한 작업을 저장한다.

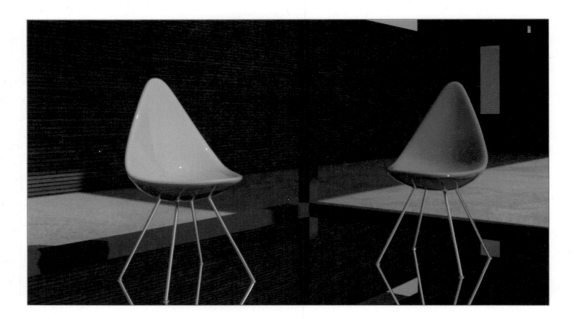

2. 굴절이 있는 재질 표현하기

굴절(Refraction)은 빛의 진행방향이 바뀌면서 휘어 보이는 현상으로 유리, 물 등의 재질을 표현할 때 사용한다. 유리나 물과 같은 재질은 반사와 굴절이 함께 사용되어야 사실감있게 표현된다. 특히 V-Ray에서는 굴절(Refraction)재질을 사용하여야 유리나 물이 투명하게 렌더링된다.

2.1 불투명도 확인하고 반사재질 주기

01 '02 Refraction' 장면 탭을 클릭한다. '02 Refraction' 장면에는 의자 뒤쪽으로 유리창이 나타난다.

02 Render(🔘)를 눌러 렌더링되는 결과를 확인한다.

03 렌더링된 이미지를 보면 SketchUp 화면 상에서 보이는 모델의 유리부분은 불투명도가 적용되어 표현되고 있으나 렌더링된 이미지는 불투명도가 표현되지 않고 있음을 확인할 수 있다.

04 SketchUp의 [Materials] Tray를 선택하고 In Model(🏠)을 클릭한다. 'Window Glass' 재질을 선택한 후 [Edit]탭을 클릭해 불투명도(Opacity)를 확인한다. 현재 불투명도는 '15'로 설정되어 있다.

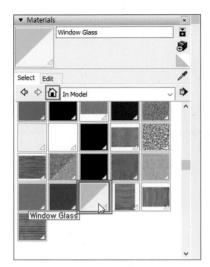
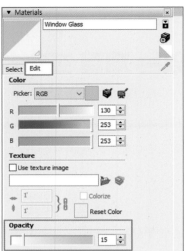

05 다시 [Select]탭을 클릭해 'Window Glass' 재질이 선택되었는지 확인 후 [V-Ray Asset Editor]창의 Materials()를 클릭하여 [Materials]옵션 창이 나타나도록 한다.

06 [Reflection]옵션 탭을 클릭해 확장한다.

07 마찬가지로 반사값을 설정하는 'Reflection Color' 옵션의 슬라이드 바를 가장 오른쪽으로 이동하고, 재질감 미리보기창에서 재질감을 확인한다. 재질이 반짝이며 반사가 일어나는 것을 확인한다.

2.2 굴절(Refraction)재질 적용하여 투명한 유리재질 입히기

01 [VRayBRDF] 레이어 탭에서 굴절을 설정하는
    [Refraction]옵션 탭을 클릭해 확장한다.

02 굴절값을 설정하는 'Refraction Color' 옵션의 슬라
    이드 바를 가장 오른쪽으로 이동하고, 재질감 미리보
    기창에서 재질감을 확인한다. 재질이 투명해진 것을
    확인한다.

03 Render()를 눌러 렌더링되는 결과를 확인한다.
    이제 유리부분이 투명하게 표현되는 것을 볼 수 있다.

2.3 유리색상 설정하기

01 렌더링된 이미지를 보면 유리가 너무 투명하므로 약간의 색상을 입히기 위해 [Refraction]옵션 탭에서
'Fog Color' 색상박스를 클릭한다.

02 'Color Picker' 창이 나타나면 'Range'의 범위를 바꾸기 위해 오른쪽의 펼침버튼( )을 클릭하여 '0 to
255'로 범위를 바꿔준다.

03 'R(빨강)'의 수치값만 '130'으로 수정한 후 'Color Picker' 창 오른쪽 상단의 'Close(✕)'를 클릭하여 'Color Picker' 창을 닫는다.

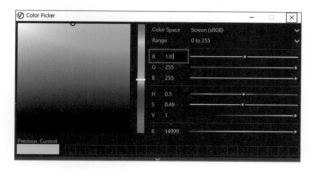

[R(빨강)의 수치를 '130'으로 바꿔준다]

04 렌더링하여 유리의 색상이 바뀐 것을 확인한다.

[유리에 색상이 입혀진 모습]

05 그러나 렌더링 이미지를 보면 유리의 색상이 너무
진하다는 것을 알 수 있다. 유리의 색상을 연하게 표
현하기 위해 'Fog Color'의 세기를 조절하는 'Fog
Multiplier' 옵션의 수치값을 '0.1'로 설정하고 렌더링
한다. 유리의 색상이 연해진 것을 확인한다.

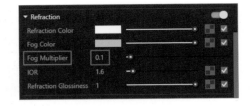

2.4 유리 재질에 불투명도 표현하기

01 불투명한 유리를 표현하기 위해 'Refraction
Glossiness' 옵션의 수치값을 '0.9'로 입력한다.
Glossiness' 옵션의 수치값은 0에서 1까지 설정할 수
있으며 0은 완전 불투명, 1은 완전 투명하게 표현된다.

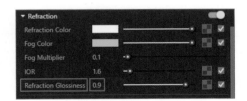

02 Render(📷)를 눌러 렌더링되는 결과를 확인한다. 투명했던 유리가 불투명하게 된 것을 확인할 수 있다.

03 다시 'Refraction Glossiness' 옵션의 수치값을 '1'로 바꾸어 투명한 유리로 만들어준다.

3. 범프 표현하기

범프(Bump)는 재질의 거친 느낌을 표현하는 재질로 범프를 표현하기 위해서는 매핑한 이미지와 같은 흑백의 이미지가 필요하다. 흑백 이미지 중 검정색은 들어가 보이고 흰색은 돌출되어 보이게 된다. 범프는 재질에 사용한 원본 이미지와 흑백 이미지의 좌표를 약간 다르게 겹쳐 재질의 거친 느낌을 표현하는 효과로 눈속임이라고 볼 수 있다. 이러한 범프 재질은 타일이나 돌과 같은 정도의 거친 느낌의 표현에 적당하다.

3.1 Fence에 범프(Bump) 재질 적용하기

01 '03 Bump' 장면 탭을 클릭한 후 Render(⟳)를 눌러 렌더 링되는 결과를 확인한다.

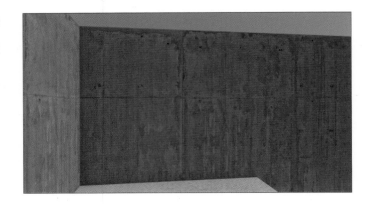

02 SketchUp의 [Materials]Tray를 선택하고 'Fence'
    재질에 마우스 포인터를 올려놓고 오른쪽을 클릭하
    면 나오는 팝업메뉴에서 'Edit Texture Image'를 클
    릭한다.

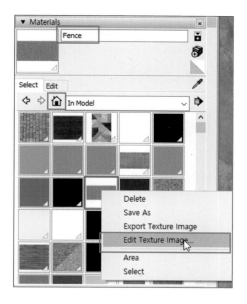

03 Photoshop이 자동 실행되며 'Fence' 재질에 사용된 이미지가 열리는 것을 확인할 수 있다
    (Window〉Preferences에서 이미지 편집 프로그램으로 Photoshop을 지정해 놓아야 한다).

04 Photoshop의 상단의 메뉴에서 Image〉Adjustments〉Black&White(Ctrl + Shift + Alt + B)를 선택
    하여 이미지를 흑백으로 만들고 [OK]버튼을 클릭하여 [Black&White]창을 닫는다.

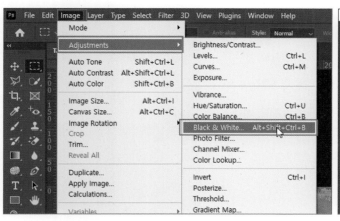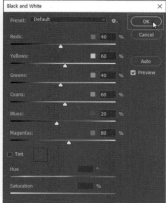

05 다시 Photoshop의 상단 메뉴에서 Image〉Adjustments〉Levels(Ctrl + L)을 눌러 [Levels]창을 열고 어두운 색 영역을 '30', 밝은 색 영역을 '150'으로 설정하고 [OK]버튼을 클릭한다. 명도의 차이가 클수록 범프(Bump) 효과가 잘 표현된다.

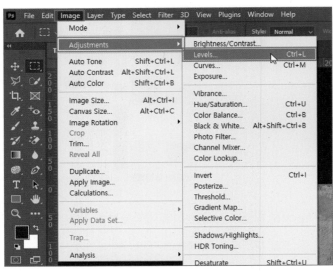

06 File〉Save as를 선택하여 이름을 'Tadao Ando Concrete Plates06_B.jpg'로 저장하고 Photoshop은 닫는다.

07 [V-Ray Asset Editor]창에서 'Fence' 재질을 선택하고 오른쪽의 [VRayBRDF] 통합 레이어 탭의 'Add Attribute' 아이콘(▦)을 클릭해 하위옵션을 나타나게 한 후 'Bump'를 선택하여 클릭한다.

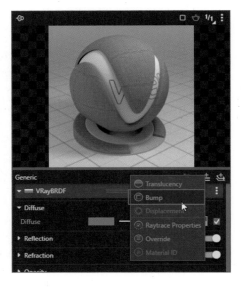

08 [VRayBRDF] 통합 레이어에 [Bump] 옵션 탭이 생성된 것을 확인하고 'Mode/Map' 옵션의 오른쪽에 있는 'Texture Slot(■)'을 클릭한다.

09 'Bitmap'을 선택한다.

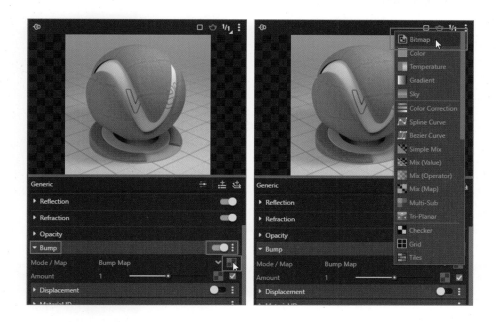

10 나오는 'Select a file' 창에서 저장한 'Tadao Ando Concrete Plates06_B.jpg' 파일을 선택하고 [열기]버튼을 클릭한다.

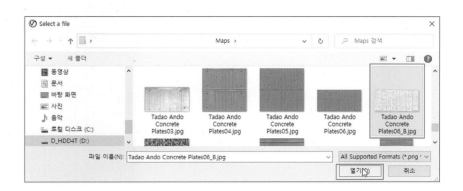

11 [Bitmap]옵션 창의 하단에서 'Up the Assets
   Hierarchy(⬆)' 버튼을 클릭한다.

12 Render(⬜)를 눌러 렌더링되는 결과를 확인한다. 현재 거친 느낌이 심하다.

13. 자연스러운 범프(Bump)의 표현을 위해서 'Amount' 옵션의 수치값을 '0.15'로 설정한다.

14. 렌더링하여 확인한다. 거칠었던 질감이 자연스럽게 표현되었다.

3.2 Deck에 범프(Bump) 재질 적용하기

01 '01 Reflection' 장면 탭을 선택한다.

02 'Wood_Deck01' 재질을 선택한다.

03 [V-Ray Asset Editor]창에서 'Fence' 재질을 선택하고 오른쪽의 [VRayBRDF] 통합 레이어 탭의 'Add Attribute' 아이콘(⊞)을 클릭해 하위옵션을 나타나게 한 후 'Bump'를 선택하여 클릭한다.

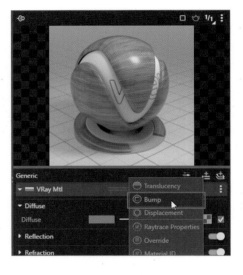

04 [VRayBRDF] 통합 레이어에 [Bump] 옵션 탭이 생성된 것을 확인하고 'Mode/Map' 옵션의 오른쪽에 있는 'Texture Slot(▓)'을 클릭한다.

05 'Bitmap'을 선택한다.

06 나오는 'Select a file' 창에서 저장한 'wood_Hor_B.jpg 파일을 선택하고 [열기]버튼을 클릭한다.

07 [Bitmap]옵션창의 하단에서 'Up the Assets Hierarchy(⬆)' 버튼을 클릭한다.

08 렌더링하여 확인한다. 나무로 된 'Deck' 부분에 범프(bump) 재질이 표현되었다.

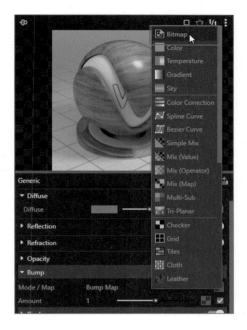

09 그러나 많이 거친 느낌이므로 자연스러운 범프 (Bump)의 표현을 위해서 'Amount' 옵션의 수치값을 '0.5'로 설정한다.

10 렌더링하여 확인한다. 거칠었던 질감이 자연스럽게 표현되었다.

11 File > Save하여 저장한다.

4. 디스플레이스먼트 표현하기

디스플레이스먼트(Displacement)는 일종의 눈속임 효과인 범프(bump)와 달리 평면 상의 재질이 실제로 솟아 오르기 때문에 매핑한 객체의 볼륨감을 표현할 수 있다. 잔디, 거친 돌, 물결의 표현에 응용하여 사용한다.

4.1 잔디 표현하기

01 '04 DisplacementA' 장면 탭을 클릭한 후 Render(⟳)를 눌러 렌더링되는 결과를 확인한다.

02 [V-Ray Asset Editor]창에서 'Grass'를 선택하고 오른쪽의 [VRayBRDF] 통합 레이어 탭의 'Add Attribute' 아이콘(▤)을 클릭해 하위옵션을 나타나게 한 후 'Displacement'를 선택하여 클릭한다.

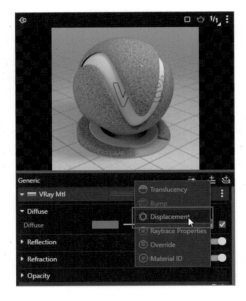

03 [VRayBRDF] 통합 레이어에 [Displacement] 옵션 탭이 생성된 것을 확인한 후 활성화 시킨다.

04 [Displacement] 옵션 탭의 왼쪽에 있는 펼침버튼(▶)을 눌러 하위메뉴가 나타나도록 한다.

05 'Mode/Map' 옵션의 오른쪽에 있는 'Texture Slot(▤)'을 클릭한다.

06 'Bitmap'을 선택한다.

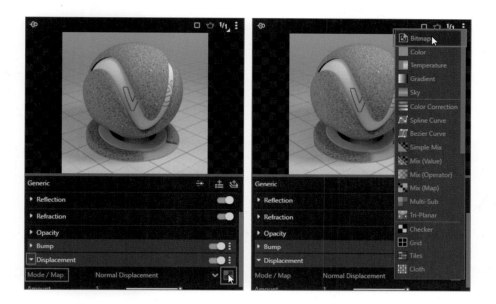

07 나오는 'Select a file'창에서 'Green Grass01_D.jpg' 파일을 선택하고 [열기]버튼을 클릭한다.

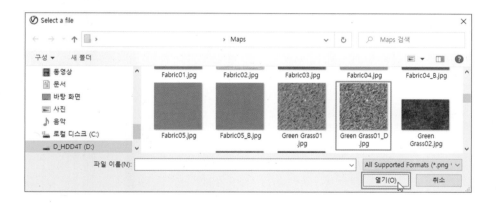

08 [Bitmap]옵션창의 하단에서 'Up the Assets Hierarchy(⬆)' 버튼을 클릭한다.

09 디스플레이스먼트(Displacement)의 세기를 높이기 위해 'Amount' 옵션의 수치값을 '2'로 설정하고 재질 미리 보기창을 확인한다.

10 디스플레이스먼트 재질이 적용된 경우 평면 상의 재질이 실제로 솟아 오르기 때문에 렌더타임이 급격

하게 증가하므로 렌더링하여 확인해야 하는 영역만 지정하여 렌더링 시간을 단축시킬 수 있다. [VFB] 창의 'Region render(🔘)'를 클릭한다.

11 렌더링할 영역을 마우스로 드래그하여 설정한다. 여기서는 잔디부분과 돌부분이 같이 보이도록 영역을 지정하였다.

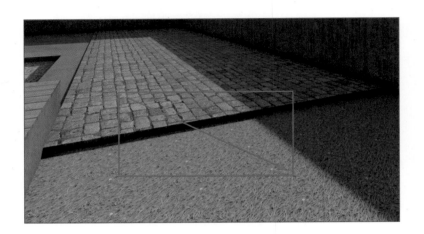

12 렌더링하여 확인한다. 선택된 영역만 렌더링이 되며 잔디가 솟아 오르는 것을 확인할 수 있다.

13 'Grass' 재질에 적용한 [Displacement]옵션 탭을 비활성화 시킨다.

14 [VFB]창의 'Region render(🔘)'를 다시 클릭하여 비활성화 시킨다.

4.2 돌의 재질감 표현하기

01 '05 DisplacementB' 장면 탭을 클릭한 후 Render(⚙)를 눌러 렌더링되는 결과를 확인한다.

02 [V-Ray Asset Editor]창에서 'Stone'를 선택하고 오른쪽의 [VRayBRDF] 통합 레이어 탭의 'Add Attribute' 아이콘(📇)을 클릭해 하위옵션을 나타나게 한 후 'Displacement'를 선택하여 클릭한다.

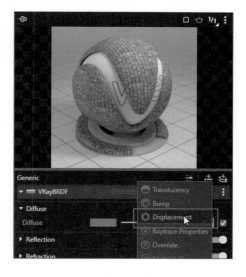

03 [VRayBRDF] 통합 레이어에 [Displacement] 옵션 탭이 생성된 것을 확인한 후 활성화 시킨다.

04 [Displacement] 옵션 탭의 왼쪽에 있는 펼침버튼(▶)을 눌러 하위 메뉴가 나타나도록 한다.

05 'Mode/Map' 옵션의 오른쪽에 있는 'Texture Slot(▣)'을 클릭한다.

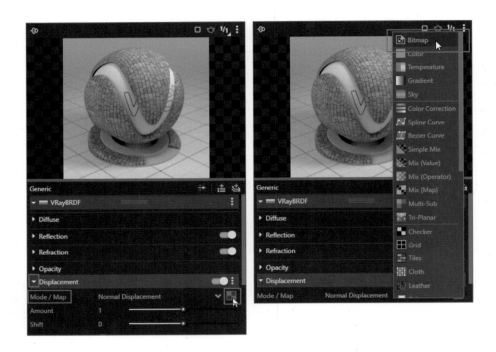

06 나오는 'Select a file' 창에서 'Stone04_D.jpg' 파일을 선택하고 [열기]버튼을 클릭한다.

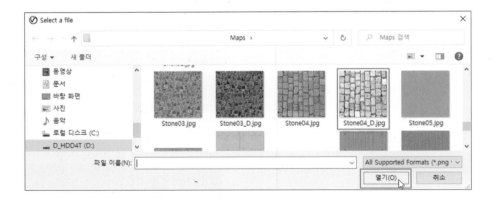

07 렌더링 시간을 단축시키기 위해 [VFB]창의 'Region render(🖼)'를 클릭한다.

08 영역을 드래그하여 지정하거나 기존에 지정하였던 영역을 그대로 두고 렌더링하여 확인한다.

09 렌더링하여 확인한다. 돌의 질감이 매우 거칠다.

10 거친 느낌을 완화시키기 위한 Blur(흐림) 효과를 설정하기 위해 [V-Ray Asset Editor]의 오른쪽에 있는 [Bitmap]옵션창에서 'Switch To Advanced Settings(▤)' 아이콘을 클릭한다.

11 'Filter Blur'의 수치값을 '20'으로 바꿔준다. 미리보기에 있는 이미지도 흐릿해 지는 것을 확인한다.

12 [Bitmap]옵션창의 하단에서 'Up the Assets Hierarchy(⬆)' 버튼을 클릭한다.

13 렌더링하여 확인한다. 돌이 볼륨감있게 솟아 올라와 있고 질감도 부드러워진 것을 볼 수 있다.

14 'Stone' 재질에 적용한 [Displacement]옵션 탭을 비활성화 시킨다.

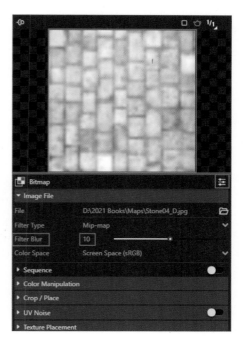

15 [VFB]창의 'Region render()'를 다시 클릭하여 비활성화시킨다.

4.3 물 표현하기

01 '06 DisplacementC' 장면 탭을 클릭한 후 Render(⊙)를 눌러 렌더링되는 결과를 확인한다. 렌더링
    된 이미지를 보면 SketchUp 화면 상에서 보이는 모델의 '물' 부분은 불투명도가 표현되고 있으나 렌더
    링된 이미지는 불투명도가 표현되지 않고 있음을 확인한다.

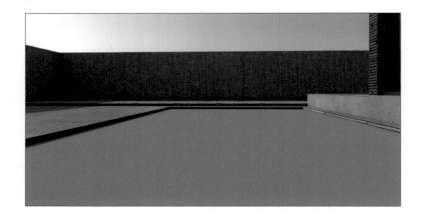

02 물의 경우 투명한 재질이기 때문에 반사와 굴절이 동시에 표현되어야 한다. [V-Ray Asset Editor]창에서 'Pond Water'를 선택한다.

03 오른쪽에 있는 V-Ray 통합 레이어인 [VRay BRDF] 레이어 탭에서 반사와 굴절을 설정하는 [Reflection]옵션 탭과 [Refraction]옵션 탭을 클릭해 확장한다. 'Reflection Color'와 'Refraction Color'가 모두 검정색으로 되어 있으며 미리보기창도 하늘색으로 표현되어 있는 것을 확인한다.

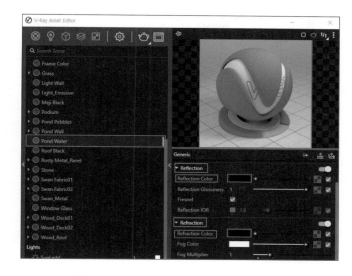

04 반사를 설정하는 'Reflection Color' 옵션의 슬라이드 바를 가장 오른쪽으로 이동하고 재질감 미리보기창에서 재질감을 확인한다. 미리 보기창에서 재질이 반짝이며 반사가 일어나는 것을 확인한다.

05 렌더링해서 확인한다. 연못의 물 부분이 반사가 일어나는 것을 알 수 있다.

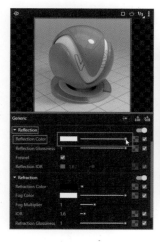
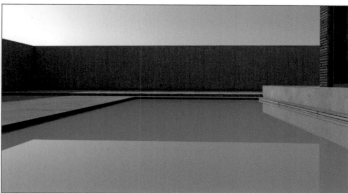

06 이번에는 'Refraction Color' 옵션의 슬라이드 바를 가장 오른쪽으로 이동하고 재질감 미리보기창에서 재질감을 확인한다. 재질 미리 보기창에서 재질이 투명해진 것을 확인한다.

07 렌더링해서 확인한다. 이제 물이 투명하게 표현되었고 반사와 굴절이 표현된 것을 볼 수 있다.

08 이제는 물결 효과를 적용하여 사실적인 물을 표현할 것이다. '디스플레이스먼트(Displacement)'에 직접 이미지를 입혀서 활용해도 가능하지만 이번 실습에서는 V-Ray에서 기본적으로 제공하고 있는 'Map' 타입을 사용하여 물을 표현하여 볼 것이다.

09 [V-Ray Asset Editor]창에서 오른쪽의 [VRayBRDF] 통합 레이어 탭의 'Add Attribute' 아이콘(▦)을 클릭해 하위옵션을 나타나게 한 후 'Displacement'를 선택하여 클릭한다.

10 [VRayBRDF] 통합 레이어에 [Displacement] 옵션
    탭이 생성된 것을 확인한 후 활성화 시킨다.

11 [Displacement] 옵션 탭의 왼쪽에 있는 펼침버튼
    (▶)을 눌러 하위메뉴가 나타나도록 한다.

12 'Mode/Map' 옵션의 오른쪽에 있는 'Texture
    Slot(■)'을 클릭한다.

13 나타나는 메뉴에서 'Noise A' 타입을 선택한다.

14 렌더링해서 확인한다. 렌더링된 이미지를 보면 아주
    작은 패턴들로 표현된 것을 알 수 있다.

15 [Texture Placement] 옵션 탭을 클릭하여 하위 메
    뉴가 나타나도록 한 후 'Repeat U/V'의 'U'와 'V'의 수
    치값을 각각 '0.02'로 수정하고 렌더링하여 확인한다.

16 [Noise A]옵션창의 하단에서 'Up the Assets
    Hierarchy( )' 버튼을 클릭한다.

17 렌더링하여 확인한다.

물을 표현할 때 가장 많이 사용하는 Map의 타입은 Water, Noise A, Noise B로 원하는 물결의 형태를 보면서 선택하는 것이 좋다.

5. Fur 기능을 활용하기

퍼(Fur)로 표현할 오브젝트는 단일 그룹(또는 컴포넌트)이어야 하며, 단일 그룹(또는 컴포넌트)이 아닐 경우(하위 그룹을 가진 그룹, 또는 여러 개의 그룹으로 묶인 그룹)에는 퍼(Fur)로 만들지 못한다.

5.1 Fur 기능을 활용하여 잔디 재질 표현하기

01 먼저 '07 FurA' 장면이 선택되어 있는지 확인한다. 만일 선택되어 있지 않다면 SketchUp의 Selection Tool(▶)로 '07 Fur A' 장면을 클릭한다.

02 먼저 'Render(◌)' 버튼을 클릭하여 장면을 렌더링해 본다. 전 강의에서는 Displacement 재질을 사용하여 잔디에 볼륨감을 주었으나 이번에는 VRay의 'Fur' 기능을 사용하여 보다 사실감 있는 잔디를 표현해 본다.

03 SketchUp의 Selection Tool(▲)로 'Grass' 오브젝트를 선택한다.

04 [V-Ray Objects] Toolbar(🖥🗑🗑🐾📄)에서 'Add Fur to Selection(🐾)'을 클릭하여 Grass 오브젝트를 퍼(Fur)로 만든다.

05 [V-Ray Asset Editor]창에서 Geometry(📦)를 클릭해 [Geometries]옵션창을 나타낸 후 왼쪽 창에서 'Fur-Grass'로 이름을 수정한다.

06 [V-Ray Asset Editor]의 오른쪽에 있는 [Parameters]탭에서 'Distribution' 옵션에서 'Per Area'를 선택한다.

> V-Ray Fur의 Distribution은 'Per Area'와 'Per Face'의 두 타입이 있으며 'Fur Area'의 경우는 잔디나 카펫과 같은 평평한 면에, 'Fur Face'는 굴곡이 있는 면에 사용한다.

07 Fur(여기서는 잔디)의 밀도를 조절하기 위해 Count(Area) 옵션의 수치값을 '6'으로 설정한다.

08 퍼(Fur)의 길이(잔디의 길이)를 설 정하기 위해 'Length' 옵션의 수 치값을 '3'으로 설정하고 퍼(Fur) 의 굵기(잔디의 굵기)를 설정하기 위해 'Thickness' 옵션의 수치값 을 '0.08'로 설정한다.

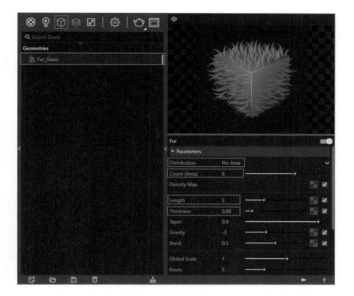

09 렌더링하여 확인한다. 자연스러 운 잔디가 표현되는 것을 확인 한다.

잔디를 표현할 때 잔디의 옵션값은 각 장면에 따라 다르게 설정하는 것이 좋다. 잔디가 가까이 보일 경우에는 길이를 짧고 가늘게 하는 것이 좋고 멀리 보이는 경우는 좀 길고 굵게 설정하는 것이 효율적이다.

5.2 Fur 기능을 활용하여 카펫 재질 표현하기

01 SketchUp의 Selection Tool(▶)로 '08 Fur B' 장면을 클릭한다.

02 먼저 'Render(○)' 버튼을 클릭하여 장면을 렌더링해 본다.

03 카펫에 퍼(Fur) 기능을 사용하기 위해 Selection Tool(▶)로 'Carpet' 오브젝트를 선택한다.

04 [V-Ray Objects] Toolbar(🐘🐚🐚🦋🐚)에서 'Add Fur to Selection(🦋)'을 클릭하여 'Carpet' 오브 젝트를 퍼(Fur)로 만든다.

05 [V-Ray Asset Editor]창에서 Geometry(⬡)를 클 릭해 [Geometries]옵션창을 나타낸 후 왼쪽 창에서 'Fur_Carpet'로 이름을 수정한다.

06 [V-Ray Asset Editor]의 오른쪽에 있는 [Parameters]탭에서 'Distribution' 옵션에서 'Per Area'를 선 택한다.

07 Fur(여기서는 카펫)의 밀도를 조절하기 위해 Count(Area) 옵션의 수치값을 '10'으로 설정한다.

08 퍼(Fur)의 길이(카펫 올의 길이)를 설정하기 위해 'Length' 옵션의 수치값을 '1'으로 설정하고 퍼(Fur)의 굵기(카펫 올의 굵기)를 설정하기 위해 'Thickness' 옵션의 수치값을 '0.1'로 설정한다.

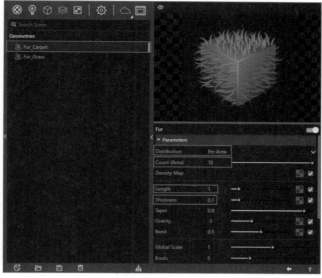

09 렌더링하여 확인한다. 부드러운 카펫의 질감이 표현된 것을 확인할 수 있다.

6. 자체발광 재질 사용하기

자체발광(Emissive)재질은 오브젝트에 매핑한 재질 자체에서 조명처럼 빛을 발산하는 재질이다.

6.1 자체발광(Emissive) 레이어 추가하기

01   SketchUp의 Selection Tool( )로 '09 Emissive' 장면을 클릭한다.

02   먼저 'Render( )' 버튼을 클릭하여 장면을 렌더링해 본다.

03 V-Ray Asset Editor]창
   의 Materials(◉)를 클릭
   하여 [Materials]옵션창이
   나타나도록 한다.

04 'Light Wall' 재질을 선택
   한다. 재질감 미리보기창
   을 보기 위해서 펼침아이
   콘(▶)을 클릭한다.

05 [V-Ray Asset Editor]창
   에서 오른쪽의 [VRay-
   BRDF] 통합 레이어 탭의
   'Add Layer'아이콘(🕂)

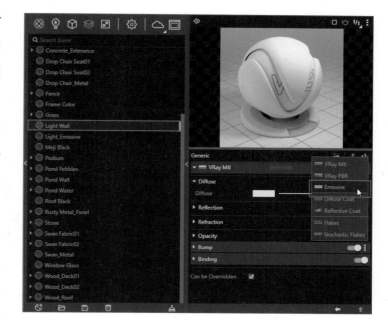

을 클릭해 하위옵션을 나타나게 한 후 'Emissive'를 선택하여 클릭한다.

06 [Emissive]레이어가 추가되고 재질이 빛을 표현하는
   것을 미리보기창에서 확인할 수 있다.

07 렌더링하여 확인한다. 조명을 설치한 것처럼 장면이
   밝아진 것을 알 수 있다.

6.2 자체발광(Emissive) 세기 설정하기

01 자체발광의 세기를 설정하기 위해 [Emissive]레이어 탭에서 'Intensity' 옵션의 수치값을 '5'로 입력한 후 렌더링해서 확인한다.

02 장면이 훨씬 밝아진 것을 알 수 있다.

7. VRMat(V-Ray 전용 매터리얼) 사용하기

VRMat은 V-Ray 전용 Material이다. VRMat은 해당 재질에 가장 적합한 재질값(반사, 굴절, 범프 등)이 설정되어 있어 사용자가 별도로 재질값을 수정할 필요없이 바로 사용할 수 있으므로 매우 효율적이다.

VRMat 파일이 저장된 경로: C:₩Program Files₩Chaos Group₩V-Ray₩V-Ray for SketchUp₩extension₩materials(OS: Win 7기준)

7.1 미리보기 방식 설정하기

01 '10 VRMat 장면을 클릭하고 'Render( )' 버튼을 클릭하여 장면을 렌더링해 본다. 오렌지색 의자와 연두색 의자의 좌판에는 반사재질이 설정되어 반짝이고 있다. 의자 다리에는 현재 아무런 재질이 들어 있지 않다.

02 [V-Ray Asset Editor]창의 [Materials]옵션창 왼쪽
에 있는 펼침버튼(◀)을 하고 [Materials] 아래에 있
는 'Metal' 폴더를 선택한다.

03 [V-Ray Asset Editor]창의 하단에 있는 'Changes
between row and column layout(▦)'을 클릭한
다. 미리보기 방식이 바뀐 것을 확인한다.

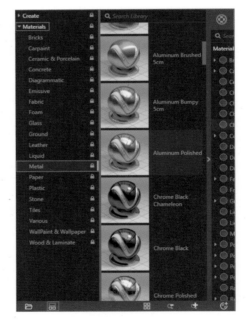

04 이번에는 'Changes between grid and list view for material gallery(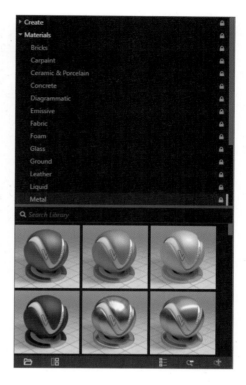)'를 클릭한다. 미리보기 방식이 그리드의 형태로 바뀌었다.

05 이번에는 'Zooms material previews in(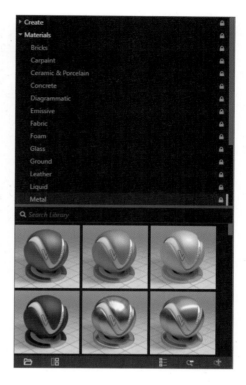)'를 클릭하여 미리보기창의 크기를 크게 만들어 준다.

> 미리보기의 List 방식은 미리보기 옆에 재질의 이름이 나타나고 Grid 방식의 경우 미리보기 위에 커서를 올리면 재질의 이름이 나타난다.

7.2 금속재질 적용하기

01 Library에서 'Aluminum Polished'를 선택한다(세 번째 줄 가운데)
02 마우스 왼쪽 버튼을 클릭한 채로 오른쪽의 [Materials]창으로 드래그한다.

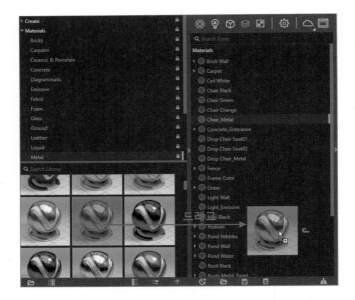

03 오른쪽 [Materials]창에 'Aluminum Polished'가 추가되었고 금속 재질이 미리보기창에 나타난다. 또한 SketchUp의 [Materials] Tray에도 'Aluminum Polished'가 추가된 것을 확인한다.

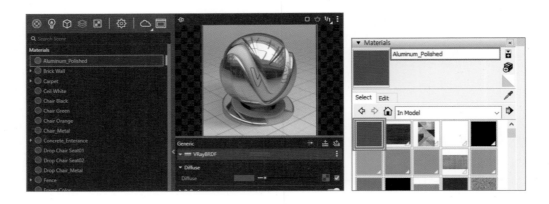

04 오른쪽 [Materials]에서 'Chair_Metal' 재질을 선택한다.

05 마우스 오른쪽을 클릭하여 나타나는 팝업메뉴에서 'Select Objects In Scene'을 클릭한다.

06 SketchUp창을 보면 'Chair_Metal' 재질이 적용된 오브젝트들이 모두 선택된다.

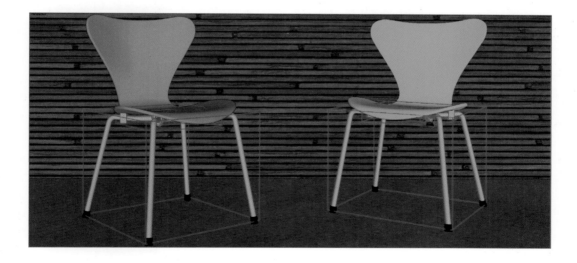

07 이번에는 'Aluminum Polished' 재질 이름 위에 마우스 포인터를 올리고 오른쪽을 클릭하여 나오는 팝업창에서 'Apply Material To Selection'을 선택하여 선택된 오브젝트에 금속재질을 적용한다.

08 렌더링해서 선택된 오브젝트(여기서는 의자의 다리부분)가 반짝이는 금속으로 바뀐 것을 확인한다.

7.3 재질 이름 변경하기

01 SketchUp의 [Materials] 트레이에서 'Chair_
Metal'을 선택한다. 현재 장면에 이 재질이 들어 있지
않으므로 미리보기 상자 오른쪽 하단의 삼각형이 보
이지 않는다.

02 마우스 오른쪽을 클릭하여 나오는 팝업메뉴에서
'Delete'를 선택하여 삭제한다.

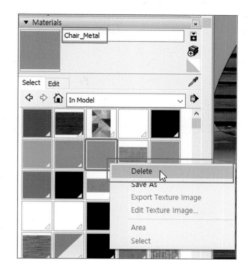

03 이번에는 SketchUp의 [Materials] 트레이에서
'Aluminum Polished' 재질을 선택한다.

04 재질의 이름을 'Chair_Metal'로 바꿔준다.

05 'Aluminum Polished' 재질은 선택하여 삭제한다

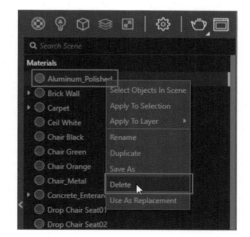

7.4 VRMat 저장하기

VRMat은 자주 쓰는 재질인 경우 따로 저장해서 쓸 수 있고, 또한 사용자가 만든 재질을 VRMat으로 저장해서 사용할 수 있다.

01 [V-Ray Asset Editor]의 [Materials]에서 'Chair Green' 재질을 선택한다. 이 재질은 장면에 있는 연두색 의자의 좌판에 사용한 재질이다. 간단히 'Reflection Color'값만 설정하여 플라스틱 재질을 만들었다.

02 [V-Ray Asset Editor]의 하단에 있는 'Save Asset To File(🖫)'을 클릭한다.

03 나타나는 [Save V-Ray Asset File As…]창에서 재질의 이름과 저장될 경로를 지정한 후 [저장]한다.

7.5 저장된 VRMat 불러오기

01 저장된 VRMat을 불러오려면 [V-Ray Asset Editor]의 하단에 있는 'Import Asset File(📂)'을 클릭한다.

02 나타나는 [Select a V-Ray Asset File]창에서 불러올 VRMat 재질을 선택한 후 [열기]한다.

03 [V-Ray Asset Editor]의 [Materials]창에 'Chair Green#1'이라는 이름으로 들어온다. 같은 이름의 재
    질이 있을 경우 이름 뒤에 '#+숫자'가 자동적으로 생기면서 불러들어오게 된다. 같은 재질이 똑같이 필
    요하지 않으므로 'Chair Green#1' 재질은 삭제한다.

제 4 강

V-Ray를 활용한
사실적인 빛환경 표현하기

강의 목표

본 강의에서는 V-Ray를 활용하여 모델링된 공간에 조명을 설치하여 사실적인 빛환경을 만드는 방법에 대해 알아본다. V-Ray for SketchUp에는 다양한 인공조명이 있으며 각각의 조명은 그 특성이 다르므로 적절한 위치에 배치하고 빛의 밝기나 그림자 효과 등을 잘 설정해야 현실감있는 빛환경을 연출할 수 있다.

1. 낮장면/밤장면 렌더링하기

1.1 외부장면 렌더링하기

01 'Vray Practice' 폴더 아래에 있는 '01 Files' 폴더에 '03 Vray_Light.skp' 파일을 저장한다.

02 SketchUp(🖼)을 더블클릭하여 실행하고 '03 Vray_Light.skp' 파일을 찾아 오픈한다.

03 File〉Save as로 '02 Vray_Material_Test.skp'로 저장한다(이는 원본은 유지하고 실습하기 위해서 다른 이름으로 저장하는 것이다).

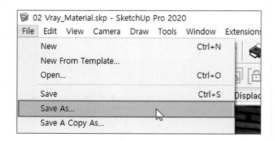

04 파일을 살펴보면 총 10개의 장면(Scene)으로 이루어져 있다. 각 장면(Scene)의 이름은 01 Outside(외부), 02 Inside(내부), 03 Rectangle Light(렉탱글 라이트), 04 Rectangle Light_Inside(렉탱글 라이트_내부), 05 Sphere Light(스피어 라이트), 06 Spot Light(스폿 라이트), 07 IES Light(아이이에스 라이트), 08 Omni Light(옴니 라이트), 09 Mesh Light(메시 라이트), 10 Dome Light(돔 라이트)로 각 장면(Scene)

에서 배우게 될 조명의 이름으로 되어 있다.

05 먼저 '01 Outside' 장면(Scene)이 선택되어 있는지 확인한다. 만일 선택되어 있지 않다면 SketchUp의
    Selection Tool( )로 '01 Outside' 장면(Scene)탭을 클릭한다.

06 먼저 'Render( )' 버튼을 클릭하여 장면을 렌더링해 본다.

[오후 1시 30분]

07 V-Ray for SketchUp은 SketchUp에서 설정한 그림자 설정(날짜, 시간)이 렌더링 시 그대로 적용된다.
    SketchUp에서 [Shadows]Tray를 선택한 후 시간을 오후 4시로 바꾸고 렌더링해 본다.

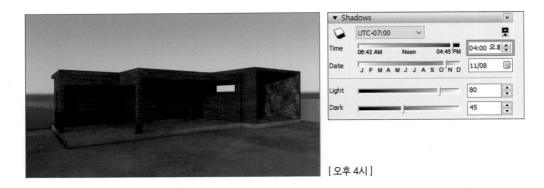

[오후 4시]

08 이번에는 시간을 오후 6시로 바꾸고 렌더링해 본다. 해가 진 뒤의 시간이므로 태양빛이 없어 아무 것도

보이지 않는다. 이런 경우 인공조명을 배치하여 빛환경을 연출해야 한다.

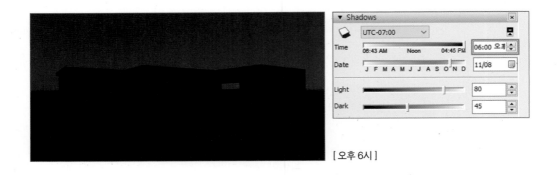

[오후 6시]

그림자 시간의 차이로 인해 렌더링 이미지의 느낌이 완전히 다르게 표현된다. 그림자의 방향만 다른 것이 아니고 태양빛에
의한 환경색상도 변하기 때문에 전체적인 색감이 다르게 표현되며 이는 실제 우리의 빛환경과 같은 현상이다.

1.2 실내장면 렌더링하기

01 '02Inside' 장면 탭을 선택한 후 'Render(📷)'를 눌러 렌더링되는 결과를 확인한다.

02 SketchUp의 [Shadows]Tray를 보면 이 장면은 오후 12시 30분으로 시간이 설정된 것을 알 수 있다. 같은 시간의 외부장면 렌더링 이미지(첫 렌더링 이미지)는 밝게 표현되었지만 실내장면의 경우 빛이 실내로 많이 들어오지 못해 어둡게 렌더링된 것을 알 수 있다. 실제로도 실내에 빛이 들어오지 못하면 낮에도 어두운 것과 마찬가지이다.

03 [V-Ray Asset Editor]창에서 [Settings]옵션 창의 [Camera]탭에 있는 'Exposure(EV)' 옵션에서 기본값이 '14.229'로 설정되어 있는 것을 확인한다. 'Exposure(EV)'은 노출값을 의미하며 조리개와 카메라 속도의 조합에 의해 결정되는 노출량을 나타내는 값이다. 'Exposure(EV)'의 수치값을 내리면 장면이 밝아지고 높이면 장면이 어두워진다. 인공조명이 없고 실내에는 빛이 많이 들어오지 않을 경우 수치값 조절로 장면을 밝게 만들 수 있다

04 Exposure Value(EV)값을 각각 10, 12로 설정하여 렌더링해 본다. 렌더링이 끝난 후에는 기본값인
    '14.229'로 돌려 놓는다.

 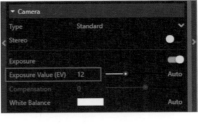

[Exposure(EV)=12일 경우 렌더링된 이미지]

 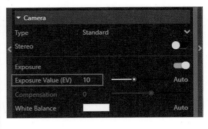

[Exposure(EV)=10일 경우 렌더링된 이미지]

1.3 Isometric 렌더링하기(야간장면 연출하기)

아이소메트릭 장면은 SunLight와 Background를 비활성화하고 [Environment Overrides]옵
션 탭에 있는 GI로 장면의 빛을 표현하는 것이 효과적이다.

01 '03 Rectangle Light' 장면 탭을 선택한 후 'Render(📷)'를 눌러 렌더링되는 결과를 확인한다.

02 야간 장면은 태양이 없기 때문에 [V-Ray Asset Editor]창의 'Light(💡)'를 클릭해 [Lights]옵션창을 나타나게 한다. 'SunLight' 앞에 있는 태양모양의 아이콘(☀)을 클릭하여 비활성화 시킨다. 파란색이었던 태양모양의 아이콘(✳)이 회색으로 바뀐다. 또한 오른쪽의 [SunLight]옵션창에 있는 활성/비활성버튼이 '비활성(◯▬)'으로 바뀐다.

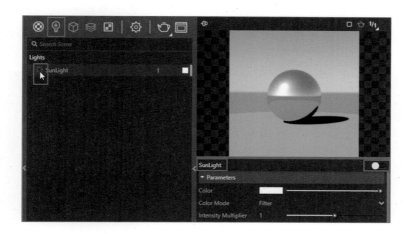

03 렌더링하여 확인한다. SunLight를 비활성화해도 빛이 있어 모델이 보인다는 것을 알 수 있다. 이는 'Background'가 설정되어 있기 때문이다.

04 [V-Ray Asset Editor]창의 'Settings(⚙)'를 클릭해 [Settings]옵션창을 나타내고 환경을 설정하는 [Environment]탭을 확장한다. 'Background' 옵션의 체크표시를 클릭하여 해제하고 렌더링한다. 이제 는 빛이 전혀 없기 때문에 렌더링 이미지에는 아무 것도 보이지 않는다.

05 [Environment Overrides]옵션 탭을 클릭하여 확장하고 GI를 체크표시하여 활성화한 후 렌더링하여 확인한다. 보이긴 하지만 장면이 매우 어둡다는 것을 알 수 있다.

06 이는 GI의 기본 수치값인 '1'로 렌더링되었기 때문이다. 기본값으로 설정하고 렌더링하면 이와 같이 장면이 어둡게 렌더링된다. 이제 GI의 수치값을 '80'으로 설정하고 렌더링해 본다. 장면이 밝아졌고 오브젝트가 선명하게 표현된다.

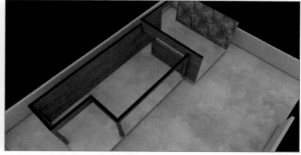

07 그러나 GI의 색상(현재 연한 하늘색으로 설정되어 있음)은 오브젝트에 반영이 되기 때문에 아이소메트릭 장면의 렌더링 시에는 GI 색상을 흰색으로 설정해야 한다. GI 색상을 수정하기 위해 GI 옵션 옆에 있는 색상박스를 클릭한다.

08 'Color Picker' 창이 나타나면 'Range'의 범위를 바꾸기 위해 오른쪽의 펼침버튼(　)을 클릭하여 '0 to 255'로 범위를 바꿔준다.

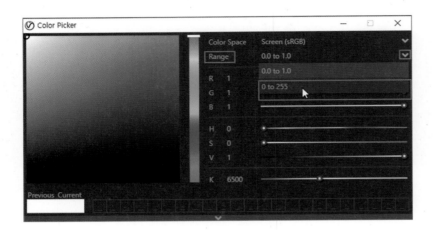

09 R(Red), G(Green), B(Blue)값을 모두 255로 입력한 후 'Color Picker' 창 오른쪽 상단의 'Close(☒)'를 클릭하여 'Color Picker' 창을 닫는다.

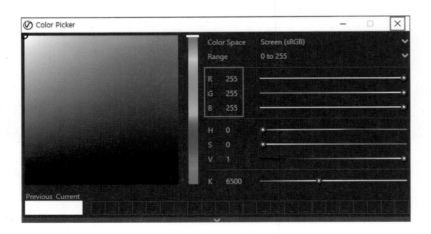

10 렌더링하여 확인한다. 이전 단계에서 다소 파랗던 이미지가 흰색으로 렌더링되는 것을 확인한다.

11 이제 GI 옵션을 체크 해제한다.

2. 인공조명을 활용하여 빛환경 연출하기

2.1 Rectangle Light

사용하는 인공조명이다. 주조명(Main Light)의 용도와 간접조명(Indirect Light)의 용도로 사용할 수 있는 실내 장면에서는 반드시 설치해야 하는 조명이다. 기본적으로 빛을 앞면으로만 발산하며 직진의 성질을 가지고 있다. 한 장면 안에 필요하다면 여러 개 설치할 수 있다.

01 V-Ray Light 도구모음(▽◎△↑✳◎◎)에서 Rectangle Light(▽)를 선택한 후 시작점을 클릭한 후 드래그하여 끝점을 클릭해 Rectangle Light를 만든다(시작점이 잘 보이지 않는다면 Pan Tool(✍)로 화면을 아래로 내려서 공간의 형태가 모두 화면에 보이도록 하고 작업한다). 생성된 Rectangle Light의 중앙에 있는 화살표의 방향이 위쪽으로 표시된 것을 확인한다. 화살표의 방향이 빛이 발산되는 방향이며 Rectangle Light의 앞면이다.

02 렌더링하여 장면을 확인한다. 빛이 아래가 아닌 위로, 즉 앞면으로 발산되고 있다는 것을 알 수 있다. 기본적으로 Rectangle Light는 앞면으로만 빛을 발산한다.

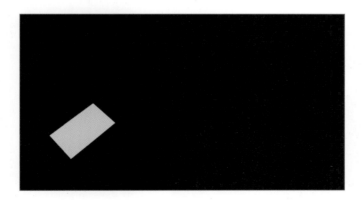

03 SketchUp의 Selection Tool(▙)을 선택하여 Rectangle Light 위에 마우스 포인터를 올리고 마우스 오른쪽을 클릭하면 나타나는 팝업메뉴 중 'Flip Along〉Component's Blue'를 선택하여 Z축 방향으로 뒤집어준다.

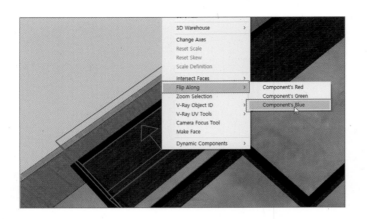

04 Rectangle Light의 방향을 바꾸었더니 Rectangle Light의 위치가 벽 위로 이동된 것을 볼 수 있다. 이 Rectangle Light의 위치를 벽 끝으로 이동시키기 위해 SketchUp의 Move Tool(✥)을 선택하여 Rectangle Light의 끝점 하나를 하여 아래 그림과 같이 아래 쪽으로 이동시킨다.

05 렌더링하여 확인한다. 빛이 화살표 방향, 즉, 아래쪽으로 발산되고 있다.

06 [V-Ray Asset Editor]창의 'Light(💡)'를 클릭해
[Light]옵션창이 나타나면 'Rectangle Light'가 추가
된 것을 볼 수 있다.

07 또한 SketchUp [Components] Tray를 클릭하고
In Model(🏠)을 클릭하면 'Rectangle Light'
Component가 자동으로 Component로 등록된 것
을 볼 수 있다.

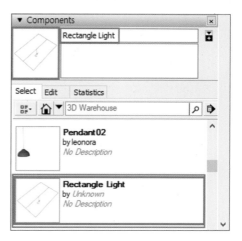

08 [Lights]옵션창에서 'Rectangle Light'를 더블클릭
하여 이름을 'Rectangle Light_Main'으로 수정한다.
모든 Light는 그 역할 및 성격에 따라 이름을 바꿔주
면 작업하기가 편리해 진다.

09 SketchUp에서 Select Tool(▶)로 Rectangle
Light를 선택한 후 복사를 하기 위해 Move Tool(✛)
을 선택하고 [Ctrl]Key를 누른 채 오른쪽으로 이동하
여 복사한다.

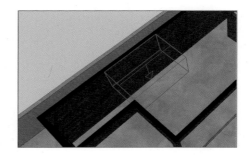

10 이 경우 Light의 크기를 늘여야 하므로 SketchUp에서 Scale Tool(■)로 크기를 늘려준다.

11 같은 방법으로 Move Tool(✥)을 선택하고 [Ctrl] Key를 누른 채 오른쪽으로 Rectangle Light를 복사한 후 이동하고 Scale Tool(■)로 크기를 맞춰준다.

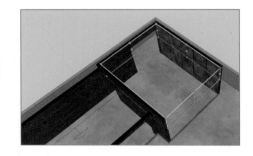

12 렌더링하여 확인한다.

13 SketchUp에서 Tag를 관리하는 [Tags] Tray를 선택하고 Add Tag(⊕)를 클릭하여 Tag를 추가한 후 이름을 '13_1. Rectangle Light_Main'으로 바꿔준다.

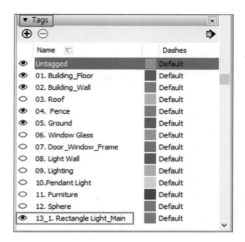

14 Select Tool(▶)을 선택한 후 [Ctrl] Key를 누른 채 세 개의 Rectangle Light를 모두 선택한다.

15 오브젝트의 정보를 나타내는 [Entity Info] Tray를 클릭하고 Layer 항목의 내림버튼(∨)을 클릭하여 Tag의 목록을 펼치고 '13_1. Rectangle Light_Main'을 선택하여 Tag를 바꿔준다.

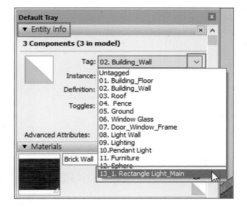

16 '04 Rectangle Light_Inside' 장면 탭을 선택한 후 'Render(◌)'를 눌러 렌더링되는 결과를 확인한다. Rectangle Light가 기본 설정값이 되어 있어 천장에 하얗게 보이고 있다.

17 [V-Ray Asset Editor]창의 [Lights]옵션창에서 'V-Ray Rectangle Light-main'를 선택한 후 펼침버튼(▶)을 클릭해 오른쪽 옵션창이 나타나도록 한다. [Options]탭을 클릭하여 하위메뉴를 펼치고 조명이 보이지 않도록 'Invisible'에 체크 표시를 한다.

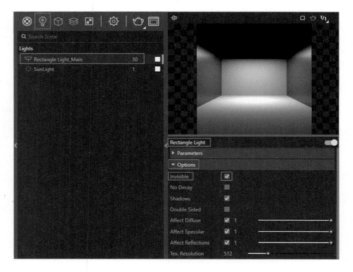

18 렌더링하여 장면을 확인한다. 렌더링된 이미지를 보면 천장에 조명이 보이지 않음에도 반사값을 가진 창문의 유리에는 조명이 반사되어 하얗게 보이는 것을 볼 수 있다(빨간색 사각형 부분).

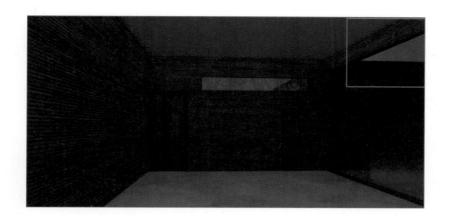

19 반사값을 가진 재질에 조명이 반사되지 않도록 하기
   위해 [Options]탭의 'Affect Reflections' 옵션의 체
   크를 해제한다.

20 렌더링하여 장면을 확인한다. 이제 유리창에 조명이 반사되지 않는다.

21 현재 실내공간이 어둡기 때문에 조명의 세기를 올려 밝게 만들 필요가 있다. 조명의 세기를 설정하기 위하여 [main]탭을 클릭하고 'Intensity'의 수치값을 '150'으로 올리고 렌더링한다. 실내를 밝게 표현하였지만 천장이 조금 어두운 것은 Rectangle Light의 빛이 직진하는 성질이 있기 때문에 천장에 도달하는 빛의 양이 적기 때문에 어둡게 렌더링된다

22 '04 Rectangle Light_Inside' 장면 탭에 마우스 포인트를 올려놓고 오른쪽을 클릭하여 나오는 팝업메뉴에서 'Update'를 선택해 장면을 업데이트 시킨다.

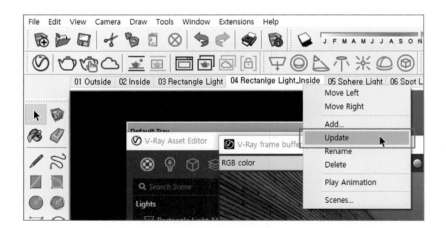

23 Rectangle Light를 추가하여 천장 및 공간을 좀더 밝게 만들 수 있다.

'03 Rectangle Light' 장면 탭을 클릭한다. V-Ray Light 도구모음(⊡⊙△↑※◎◎)에서 Rectangle Light(⊡)를 선택한 후 아래 그림을 참고하여 벽면의 끝점에서 드래그하여 Rectangle Light를 만든다.

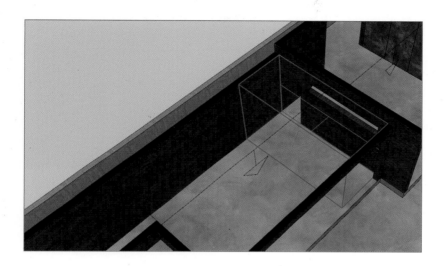

24 렌더링하여 확인한다. Rectangle Light가 기본값으로 설정되어 생성되었으므로 하얗게 빛이 나오는 면이 렌더링된다.

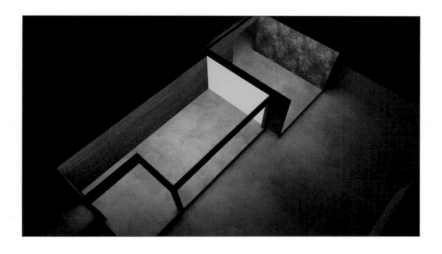

25 [V-Ray Asset Editor]창의
    [Lights]옵션창에서 지금 생성
    된 'V-Ray Rectangle Light'
    를 선택한 후 펼침버튼(▶)을
    클릭해 오른쪽 옵션창이 나타
    나도록 한다. [Options]탭을 클
    릭하여 하위메뉴를 펼치고 조
    명이 보이지 않도록 'Invisible'
    에 체크 표시를 한다. 또한 반사
    값을 가진 재질에 조명이 반사

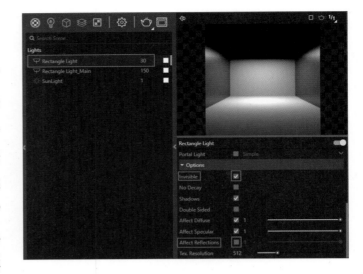

되지 않도록 하기 위해 [Options]탭의 'Affect Reflections' 옵션의 체크를 해제한다.

26 렌더링하여 확인한다. 조명에서 하얀 빛이 나오지 않는다.

27 [V-Ray Asset Editor]창의 [Lights]옵션창에서
    'Rectangle Light' 이름을 더블클릭하여 이름을
    'Rectangle Light_Sub'로 바꿔준다.

28 이제 SketchUp에서 Tag를 관리하는 [Tags] Tray
    를 선택하고 Add Tag(⊕)를 클릭하여 Tag를 추가
    한 후 Tag의 이름을 '13_2 Rectangle Light_Sub'
    으로 바꿔준다.

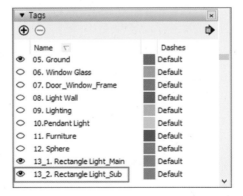

29 'Rectangle Light_Sub' 오브젝트가 선택되어 있는지 확인하고 선택되어 있지 않다면 Select Tool(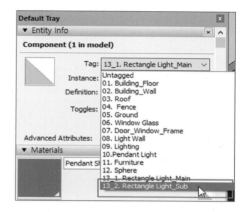)을 선택한 'Rectangle Light_Sub'를 클릭한다.

30 오브젝트의 정보를 나타내는 [Entity Info] Tray를 클릭하고 Layer 항목의 내림버튼(　)을 클릭하여 Tag의 목록을 펼치고 '13_2. Rectangle Light_Sub'을 선택하여 Tag를 바꿔준다.

31 다시 '04 Rectangle Light_Inside' 장면 탭을 선택한 후 'Render(　)'를 눌러 렌더링되는 결과를 확인한다. 천장 및 공간이 좀더 밝아진 것을 확인한다.

32 다시 '04 Rectangle Light_Inside' 장면 탭에 마우스 포인트를 올려놓고 오른쪽을 클릭하여 나오는 팝
    업메뉴에서 'Update'를 선택해 장면을 업데이트 시킨다.

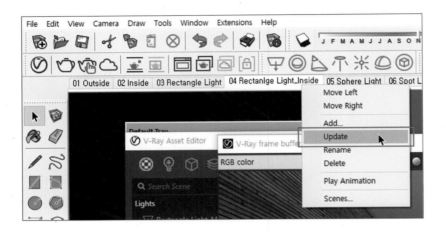

2.2 Sphere Light

스피어 라이트(Sphere Light)는 구(Sphere) 형태의 조명으로 빛을 사방으로 발산한다. SketchUp
의 등기구(예: 펜던트 조명) 컴포넌트(Component)의 내부에 배치하여 인공조명의 빛을 표현할 때 주
로 사용한다.

01 '05 Sphere Light' 장면 탭을 클릭한 후 SketchUp의 [Tag] Tray에서 13_1, 13_2 번 Tag의 체크 표시
    를 해제하고 장면을 업데이트한다. 현재 조명이 설치된 Tag가 보이지 않으므로 렌더링하면 아무 것도
    렌더링되지 않는다.

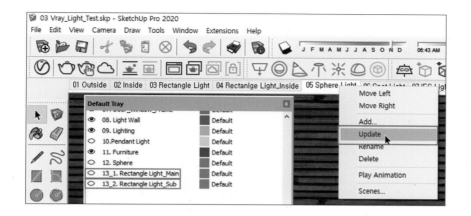

02 V-Ray Light 도구모음(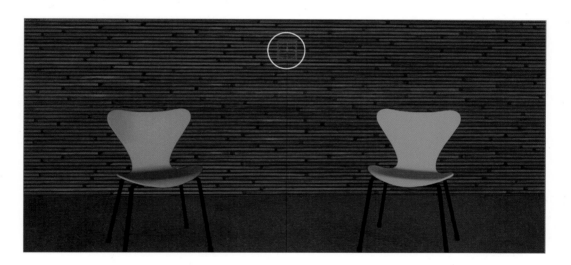)에서 Sphere Light(◎)를 선택한 후 장면에 미리 그려놓은
선의 끝점을 클릭한다. 오른쪽으로 조금 드래그한 후 '50'을 입력하고 [Enter] Key를 눌러 Sphere
Light의 크기를 지정하고 배치한다.

03 렌더링해서 확인한다. 조명의 빛만 보이고 장면은 여전히 어두운 것을 알 수 있다.

04 그대로 렌더링을 할 경우 빛의 세기가 너무 약하기 때문에 [V-Ray Asset Editor]창의 [Lights]옵 창에서 'Sphere Light'를 선택하고 빛의 세기(Intensity)를 '30,000'으로 설정한 후 렌더링한다.

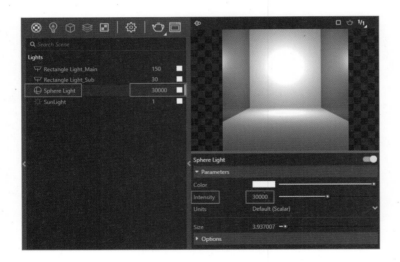

05 장면이 밝아졌으나 렌더링 이미지에 Sphere Light가 보인다.

06 [V-Ray Asset Editor]창의 [Lights]옵션창에서 'Sphere Light'가 선택되어 있는지 확인 후 오른쪽 옵션창의 [Options]탭을 펼침버튼을 클릭하여 하위메뉴를 확장하고 'Invisible'에 체크 표시하고 의자 등받이 부분에 조명이 반사되고 있으므로 'Affect Reflections' 옵션은 체크 해제한다.

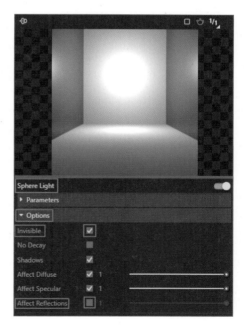

07 렌더링해서 장면을 확인한다. 장면이 밝아지고 자연스럽게 연출이 되었다.

08 SketchUp의 [Tag] Tray에서 '10.Pendant Light' Tag가 보이도록 한다. 장면에 하늘색 펜던트등이 나타난다.

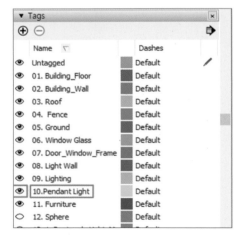

09 렌더링하여 장면을 확인한다. 펜던트 조명 컴포넌트의 전구의 재질은 자체발광(Emissive) Layer가 추가되어 만들어 진 것이다.

10 Select Tool(▶)로 Sphere Light를 선택한 후
    SketchUp의 [Tags] Tray에서 '14. Sphere Light'
    Tag를 추가한 후 [Entity Info] Tray에서 선택한
    Sphere Light를 '14. Sphere Light' Tag에 지정해
    준다.

11 File〉Save로 저장한다.

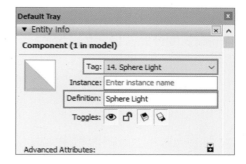

2.3 Spot Light

스포트 라이트(Spot Light)는 현실세계에서의 할로겐 조명의 빛 표현을 할 때 주로 사용한다.

01 '06 Spot Light' 장면 탭을 클릭한 후 SketchUp의 [Tags] Tray에서 '13_1, 13_2, 14' Tag의 체크 표시를 해제하고 장면을 업데이트 한다.

02 천장에는 3개의 조명 컴포넌트(Down Light)가 배치되어 있다. 지금 장면에서는 Spot Light를 설치할 조명 모델이 보이지 않으므로 SketchUp창에서 Pan Tool(   )과 마우스의 휠을 이용하여 천장의 조명 오브젝트가 보이도록 한다.

03 3개 중 가운데 컴포넌트가 크게 보이도록 화면을 설정한다.

04 V-Ray Light 도구모음(   )에서 Spot Light(   )를 선택한 후 컴포넌트 조명의 중심점을 클릭하여 Spot Light를 배치한다.

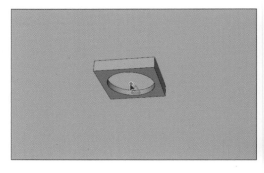

[화면 확대 후 중심점 선택 후 클릭(왼쪽)]

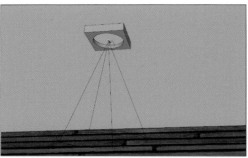

[Spot Light가 생성된 모습]

05 Select Tool(▶)로 'Spot Light'를 선택한 후 SketchUp의 [Tags] Tray에서 'Add Tag(⊕)'를 클릭하여 Tag를 추가하고 이름을 '15. Spot Light' 로 바꿔준다.

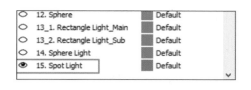

06 [Entity Info] Tray에서 선택한 'Spot Light'를 '15. Spot Light' Tag에 지정해 준다.

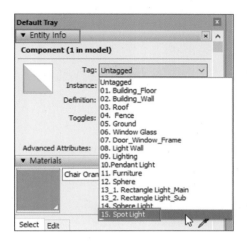

07 복사를 하기 위해 Move Tool(✥)을 선택하고 [Ctrl] Key를 누른 채 왼쪽과 오른쪽으로 각각 '1,500'간 격으로 복사한다.

08 다시 '06 Spot Light' 장면 탭을 클릭하여 의자가 보이는 장면으로 되돌아온 후 렌더링하여 확인한다. 빛의 밝기가 약해 의자는 보이지 않고 매우 어둡다.

09 [V-Ray Asset Editor]창의 [Lights]옵션창에서 'Spot Light'를 선택한 후 오른쪽에 있는 옵션창에서 'Intensity'옵션의 수치값을 '500,000'으로 설정하고 렌더링해서 장면이 밝아진 것을 확인한다.

 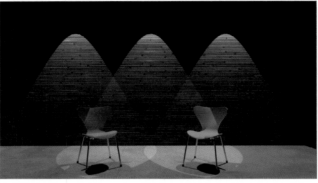

10 빛이 퍼지는 각도를 설정하기 위해 [Lights]옵션창의 오른쪽에 있는 [Angles]탭을 확장한 후 'Cone Angle' 옵션의 수치값을 '70'으로 수정하고 렌더링한다.

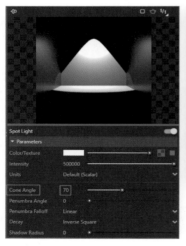 

11 부드러운 빛을 만들기 위해 'Penumbra Angle'의 수치를 '10'으로 설정하고 렌더링한다.

12　File〉Save로 저장한다.

2.4 IES Light

IES Light(IES 라이트)는 현실세계의 할로겐 등의 빛 표현에 가장 적합한 인공조명이다. Spot Light 보다 빛이 산란하는 느낌이 사실감이 있기 때문에 할로겐 등의 표현에는 IES Light를 사용하는 것 이 훨씬 효과적이다. IES Light는 다른 인공조명들과는 달리 조명 자체에서 빛이 방출되어 표현되 는 것이 아니라 외부에서 IES 데이터 파일을 불러와서 사용하여야 한다.

01　'07 IES Light' 장면 탭을 클릭한 후 SketchUp의 [Tags] Tray에서 '13_1, 13_2, 14, 15' Tag의 체크 표 시를 해제하고 장면을 업데이트한다.

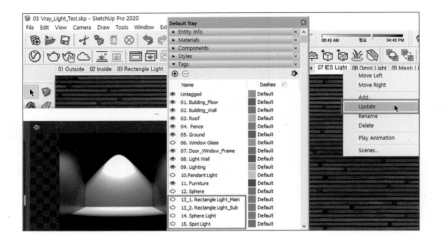

02 '06 Spot Light' 장면과 같이 이 장면 안에도 천장에 같은 3개의 조명 컴포넌트(Down Light)가 배치되어 있다. 이전과 같이 IES Light를 설치할 조명 오브젝트가 보이지 않으므로 SketchUp창에서 Pan Tool()과 마우스의 휠을 이용하여 천장의 조명 오브젝트가 보이도록 한다.

03 3개 중 가운데 컴포넌트가 크게 보이도록 화면을 설정한다.

04 V-Ray Light 도구모음(⟨⟩◎△↑☀◎◎)에서 IES Light(↑)를 선택하면 'IES File'창이 열린다. 여기서 'IES Light01.ies' 파일을 선택하고 [열기]를 누른다.

05 조명 컴포넌트의 중심점을 클릭하여 'IES Light'를 배치한다.

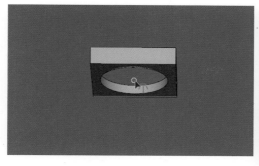
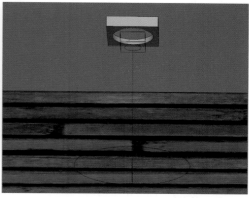

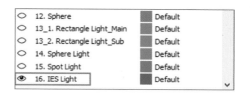

06 SketchUp창에서 Select Tool(▶)로 IES Light를
선택한 후 SketchUp의 [Tags] Tray에서 'Add
Tag(⊕)를 클릭하여 Tag를 추가하고 이름을 '16.
IES Light' 로 바꿔준다.

07 [Entity Info] Tray에서 선택한 'IES Light'를 '16. IES
Light' Tag에 지정해준다.

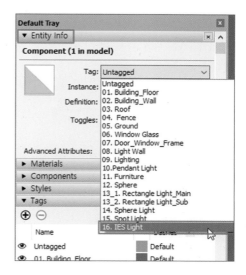

08 복사를 하기 위해 Move Tool(✛)을 선택하고 [Ctrl] Key를 누른 채 왼쪽과 오른쪽으로 각각 '1,500'간
격으로 복사한다.

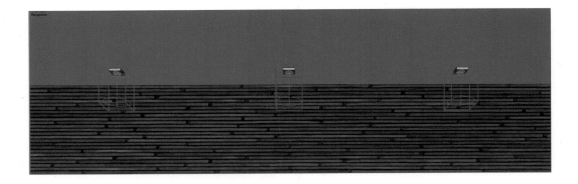

09 다시 '07 IES Light' 장면 탭을 클릭하여 의자가 보이는 장면으로 되돌아온 후 렌더링하여 확인한다. 역시 빛의 밝기가 약해 의자는 보이지 않고 매우 어둡다.

10 [V-Ray Asset Editor]창의 [Lights]옵션창에서 'IES Light'를 선택한 후 오른 쪽에 있는 옵션창에서 'Intensity(lm)' 옵션을 체크하여 활성화하고 수치값을 '1,000,000'으로 바꿔준다.

11 렌더링하여 확인한다. 장면이 밝아졌고 벽면에 빛이 산란하는 모습이 사실적인 느낌을 준다.

IES Light의 빛의 세기는 어떤 ies파일을 선택하느냐에 따라 달라진다. 따라서 여러 번의 테스트 렌더과정을 통해 적절한 수치값을 찾아야 한다.

2.5 Omni Light

Omni Light(옴니 라이트)는 구(Sphere) 형태의 조명으로 Sphere Light와 동일하게 사방으로 빛을 발산한다.

01 '08 Omni Light' 장면 탭을 클릭한 후 SketchUp의 [Tags] Tray에서 '13_1, 13_2, 14, 15, 16' Tag의 체크 표시를 해제하고 장면을 업데이트한다.

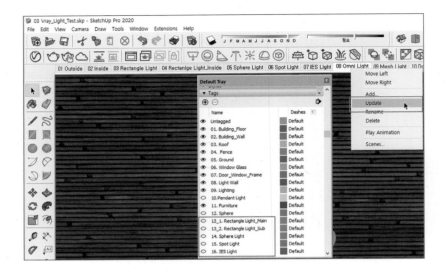

02 V-Ray Light 도구모음( )에서 Omni Light( )를 선택하고 장면에 미리 그려 놓은 선의 끝점을 클릭하여 배치하고 렌더링해본다. 장면에 전혀 빛이 표현되고 있지 않다.

03 [V-Ray Asset Editor]창의 [Lights]옵션창에서 'Omni Light'를 선택한다.

04 오른쪽에 있는 옵션창에서 'Parameters' 탭에서 'Decay' 옵션에서 내림 버튼( )을 눌러 나오는 팝업메뉴에서 'Inverse'를 선택한다.

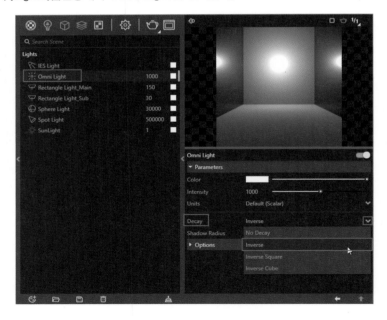

05 렌더링하여 확인한다. 장면이 밝아진 것을 확인한다.

06 장면을 좀더 밝게 하기 위해 [V-Ray Asset Editor] 창의 [Lights]옵션 창에서 'Omni Light'에 '5000'을 입력한다

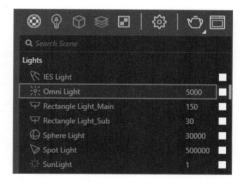

07 렌더링하여 확인한다. 장면이 밝아졌다.

08 SketchUp의 [Tag] Tray에서 '10.Pendant Light' Tag가 보이도록 한다. 장면에 하늘색 펜던트등이 나타난다.

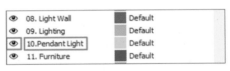

09 렌더링하여 장면을 확인한다. 그림자가 선명하게 표현되는 것을 볼 수 있다.

10 그림자의 경계면을 부드럽게 하기 위해 오른쪽에 있
    는 옵션창에 있는 'Parameters'탭에서 'Shadow
    Radius'값을 '1.5'로 입력한다.

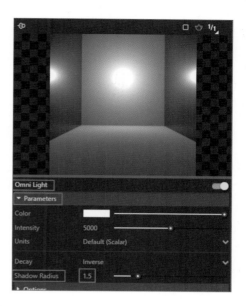

11 렌더링하여 확인한다. 그림자의 경계면이 부드럽게 표현되었다.

12 SketchUp의 [Tags] Tray에서 '10.Pendant Light' Tag 앞에 있는 눈(◉)아이콘을 클릭하여 다시 장면에서 숨겨준다.

13 SketchUp창에서 Select Tool(▶)로 Omni Light를 선택한 후 SketchUp의 [Tags] Tray에서 'Add Tag(⊕)'를 클릭하여 Tag를 추가하고 이름을 '17. Omni Light'로 바꿔준다.

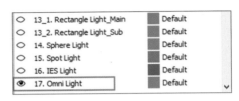

14 [Entity Info] Tray에서 선택한 'IES Light'를 '17. Omni Light' Tag에 지정해준다.

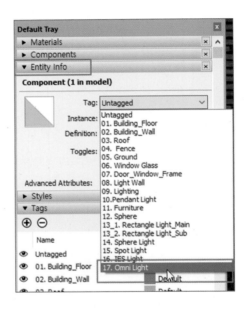

2.6 Mesh Light

Mesh Light(메시 라이트)는 원하는 오브젝트를 조명으로 만들어 사용할 때 사용한다.

01 '09 Mesh Light' 장면 탭을 클릭한 후 SketchUp의 [Tags] Tray에서 '13_1, 13_2, 14, 15, 16, 17' Tag 의 체크 표시를 해제하고 장면을 업데이트한다.

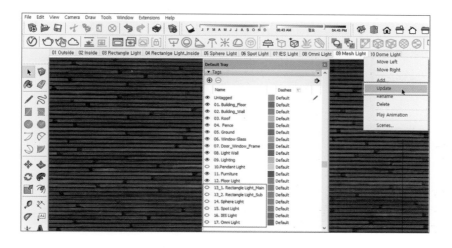

02 렌더링하여 장면을 확인한다. 역시 아무것도 보이지 않는다.

03 SketchUp창에서 Select Tool(⬚)로 가운데 있는 오브젝트를 선택한다.

04 V-Ray Light 도구모음(⊽◎◮⬆※◎◎)에서 'Convert to Mesh Light(◎)'를 클릭하여 'Light'그룹
    을 Mesh Light로 만들어준다.

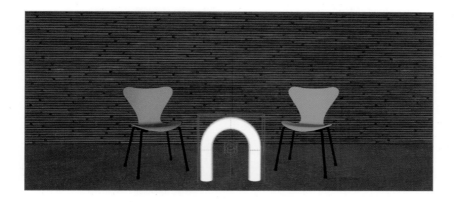

05 렌더링하여 확인한다. 'Light' 그룹이 스스로 빛을 방출하며 조명으로 바뀐 것을 볼 수 있다.

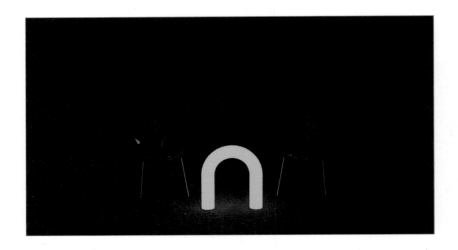

06 이제 Mesh Light를 좀더 밝게 하기 위해 [V-Ray Asset Editor]창의 [Lights]옵션창에서 'Mesh Light'가 선택되어 있는지 확인 후 오른쪽 [Mesh Light]옵션창의 [Parameters]탭에서 'Intensity'값을 '300'으로 입력한다.

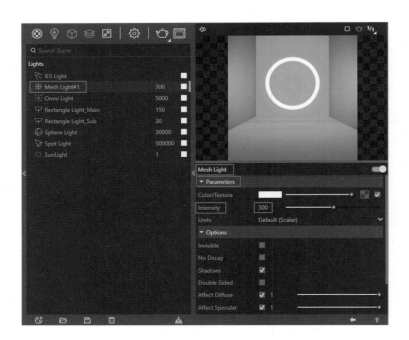

07 렌더링하여 확인한다. 가운데 'Light' 그룹이 조명처럼 빛이 나면서 장면이 밝아진 것을 확인한다.

08 SketchUp창에서 Select Tool(▶)로 Mesh Light 를 선택한 후 SketchUp의 [Tags] Tray에서 'Add Tag(⊕)'를 클릭하여 Tag를 추가하고 이름을 '18. Mesh Light'로 바꿔준다.

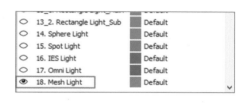

09 [Entity Info] Tray에서 선택한 'IES Light'를 '18. Mesh Light' Tag에 지정해 준다.

(Mesh Light로 만들 수 있는 오브젝트는 단일 그룹 또는 단일 컴포넌트인 오브젝트들이다.

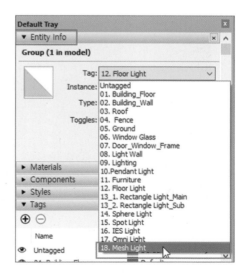

10 File>Save하여 저장한다.

2.7 Dome Light

Dome Light(돔 라이트)는 주변환경을 표현할 때 사용하는 라이트이다.

01 '10 Dome Light' 장면 탭을 클릭한 후 SketchUp의 [Tags] Tray에서 '13_1, 13_2, 14, 15, 16, 17, 18'
   Tag의 체크 표시를 해제하고 장면을 업데이트한다.

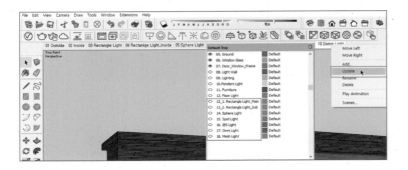

02 [V-Ray Asset Editor]의 [Lights] 옵션창에서 'SunLight'를 활성화(enable)한다.

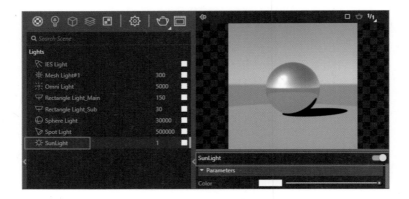

03 [V-Ray Asset Editor]의 [Settings]옵션창의 [Environment]탭에 있는 'Background' 옵션에 체크 표
   시를 한다.

04 렌더링하여 확인한다. 이제 낮장면으로 렌더링된다.

05 V-Ray Light 도구모음(⊡⊙△⊼☀⊘◉)에서 'Dome Light(⊘)'를 선택하고 '바닥'을 클릭하여 'Dome Light'를 배치한다.

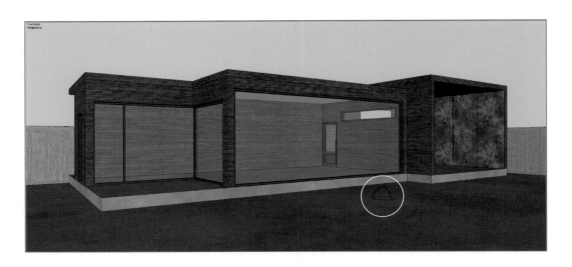

06 렌더링하여 확인한다. 하늘에 구름이 나타나고 'Dome Light'로 인해 주변환경이 표현된 것을 확인한다.

07 [V-Ray Asset Editor] 창의 [Lights] 옵션창에서 'Dome Light'를 선택하고 [Dome Light] 탭에 있는 'Color/Texture HDR' 옵션의 맵 버튼(█)을 클릭한다.

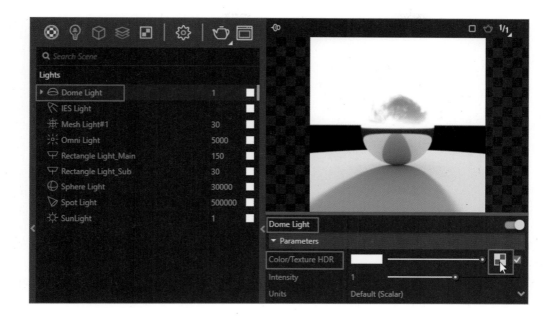

08 [Bitmap] 옵션창이 나타나면 'Open File(📂)'을 클릭하고 나타나는 [Select a file] 대화상자에서 'maps' 폴더에 있는 'day01.hdr'을 선택하고 [열기]를 클릭한다.

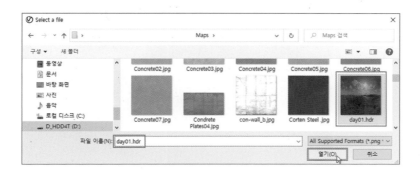

09 [Bitmap]옵션창의 [Up the Assets Hierarchy]버튼을 클릭하여 [Dome Light] 옵션창으로 돌아온 후 렌더링해 본다. 하늘부분이 너무 어두운 것을 확인한다.

10 HDR 파일의 밝기를 설정하기 위해 [dome Light] 옵션창 아래에 있는 [Parameters] 탭에서 'Intensity'옵션의 수치값을 '50'으로 수정한다.

11 또한 'Shape' 옵션의 펼침 버튼을 클릭하여 하위메 뉴를 나타나게 한 후 현재 'Hemisphere'를 'Sphere'로 바꿔준다.

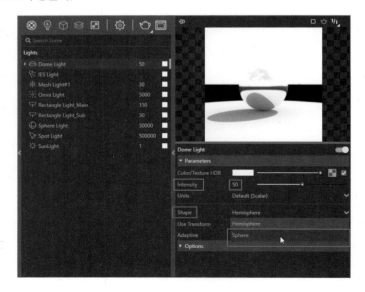

12 렌더링하여 확인한다. 렌더링된 이미지를 보면 건물 모델의 주변으로 자연스러운 하늘이 표현된 것을 볼 수 있다.

13 환경 맵을 회전하기 위해서 다시 [Dome Light] 탭에 있는 'Color/Texture HDR' 옵션의 맵 버튼(■)을 클릭한다.

14 [Bitmap] 옵션창이 나타난다.

15 [Texture Placement]옵션 앞에 있는 펼침버튼을 클릭하여 하위메뉴가 나타나게 한다.

16 'Rotate H'의 수치값을 '45'로 입력한다.

17 [Bitmap]옵션창의 'Up the Assets Hierarchy(⬆)' 버튼을 클릭하여 [Dome Light] 옵션창으로 돌아온 후 렌더링해 본다. 환경맵이 회전되면서 구름의 모양이 바뀐 것을 볼 수 있다.

18 SketchUp 창에서 Select Tool(▸)로 Mesh Light 를 선택한 후 SketchUp의 [Tags] Tray에서 'Add Tag(⊕)'를 클릭하여 Tag를 추가하고 이름을 '19. Dome Light'로 바꿔준다.

19 [Entity Info] Tray에서 선택한 'IES Light'를 '19. Dome Light' Tag에 지정해 준다.

20 File〉Save하여 저장한다.

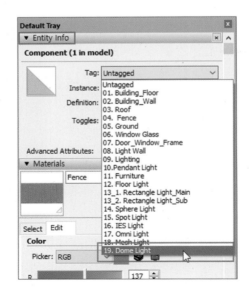

제 5 강

V-Ray를 활용한 건축물 외부공간 주간장면 연출하기

강의 목표

본 강의에서는 V-Ray를 활용하여 건축물의 외부공간 주간장면을 연출하는 방법에 대해서 알아본다. 주간장면의 주된 조명은 태양이며 태양과 그림자의 설정이 렌더링 이미지의 많은 부분에 영향을 주게 된다. 또한 유리재질, 벽돌, 물과 잔디 등 각 디자인 요소에 재질을 입혀 사실적인 이미지를 표현해 본다.

1. 장면 설정하기

1.1 장면 추가하기

01 'Vray Practice' 폴더 아래에 있는 '01 Files' 폴더에 '04 Exterior_Daylight.skp' 파일을 저장한다.

02 SketchUp(🔾)을 더블클릭하여 실행하고 '04 Exterior_Daylight.skp' 파일을 찾아 오픈한다.

03 File〉Save as로 '04 Exterior_Daylight.skp_Test. skp'로 저장한다(이는 원본은 유지하고 실습하기 위해서 다른 이름으로 저장하는 것이다).

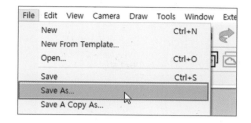

04 파일을 살펴보면 'Exterior_Daylight'라는 하나의 장 면으로 되어 있으며 '장면의 왼쪽 위에 'Two Point Perspective'라고 표시가 되어 있다.

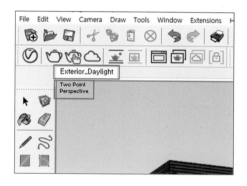

05 이제 장면을 하나 더 추가하기 위해 'Exterior_ Daylight' 장면(Scene)을 마우스 오른쪽을 클릭한다. 나타나는 팝업메뉴에서 'Add'을 선택한다. 'Scene 2' 라는 장면이 추가된 것을 확인한다.

06 장면을 설정하기 위해 화면 왼쪽에 있는 [Large Tool Set]에서 Zoom Tool( )을 클릭한다. 화면 오른쪽 하단의 [Field of View]를 확인하면 '35.00'도로 설정된 것을 볼 수 있다. 이것은 SketchUp의 기본 화각(화면 의 각도)이다.

07 키보드를 사용하여 '45'를 입력하고 [Enter] Key를 눌러 장면의 화각을 바꿔준다. 장면이 기본 설정값인 '35'도로 되어 있을 때보다 광각으로 바뀌는 것을 볼 수 있다.

08 Zoom Tool(🔍)로 모델링된 건물이 확대되도록 장면을 설정한다.

09 SketchUp의 상단에 있는 메뉴에서 Camera〉Two-Point Perspective를 선택한다. 이 기능은

'Perspective(투시도)'로 설정되었을 경우 벽면이 수직으로 표현되지 않고 안쪽 혹은 바깥쪽으로 기울어져 보이는 것을 수직으로 보이게 해준다. 이 장면뿐 아니라 모든 'Perspective'는 'Two-Point Perspective'를 사용하는 것이 좋다.

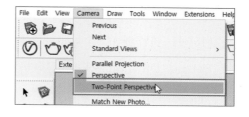

10 이번에는 시점(눈높이)을 맞추기 위해 [Large Tool Set]에서 'Look Around( )'를 클릭한다.

11 만일 눈높이가 너무 낮게 설정되어 있다면 'Pan Tool( )'을 사용하여 눈높이를 맞춰준다. 현재 이 장면은 약 1,700 정도로 설정되어 있다.

12 마음에 드는 각도가 설정되면 'Scene 2'장면 탭 위에서 마우스 오른쪽을 클릭하여 'Update'한다. 반드시 'Update'를 해 주어야 변경한 장면이 저장이 된다.

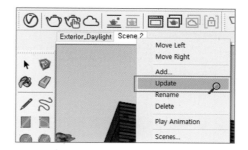

13 이제 장면의 이름을 바꾸기 위해 SketchUp에서 [Scens]Tray를 선택한 후 [Scenes]Tray의 오른쪽 상단에 있는 'Menu( )'를 클릭하여 'Show Details'를 선택한다.

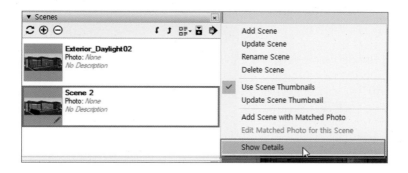

14 'Scene 2'가 선택되어 있는지 확인하고
　 나타나는 하위 메뉴에서 'Name'란에
　 'Exterior_Daylight02'라고 이름을 바
　 꿔준 후 다시 'Update(　)' 아이콘을
　 클릭하여 장면을 업데이트한다.

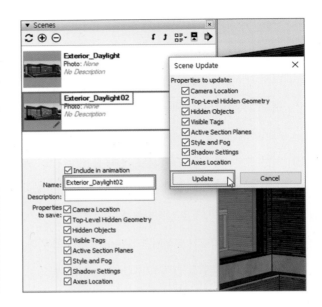

> 장면을 설정할 때는 항상 장면을 추가하
> 여 장면의 화각을 정한 후 'Two-Point
> Perspective'로 설정한다. 그리고 눈높이
> 를 맞춰준 다음 장면을 업데이트하는 것이
> 좋다.

1.2 V-Ray Option 불러오기

01 'Render(　)'를 눌러 렌더링해 본다. SketchUp에서는 투명하게 표현되었던 창유리가 렌더링된 결과
　 물을 보면 불투명하다. 이는 재질을 입히는 단계에서 굴절재질을 사용하여 투명하게 만들게 될 것이다.

02 [V-Ray Asset Editor]에서 'Settings(　)'옵션창의 하단에 있는 'Load Render Setting From
　 File(　)'을 클릭한다.

03 클릭하여 나오는 [Load Render Settings]창에서 2장에서 저장한 'daylight.vropt' 파일을 찾아서 선
　 택한 후 [열기]버튼을 클릭한다.

04 렌더링하여 확인한다.

05 렌더링 속도도 줄고 이미지의 느낌에도 많은 변화가 있다는 것을 확인할 수 있다.

1.3 Material Override 옵션을 활용하여 장면의 밝기와 그림자 설정하기

01 [V-Ray Asset Editor]에서 'Settings(⚙)' 옵션창에서 [Material Override]탭을 클릭하여 확장하고 오른쪽에 있는 '활성/비활성' 버튼을 클릭하여 활성화 시켜준다.

02 'Render(📷)'를 눌러 렌더링해 본다.

03 SketchUp의 [Shadows]Tray에서 'date'에 09/08, 'time'은 '오전 11:00'으로 입력하고 렌더링해 본다.
    그림자의 방향도 바뀌고 장면도 좀더 밝아졌다.

낮장면의 경우 이와 같이 모델링한 공간의 음영이 잘 표현될 수 있는 날짜와 시간의 조정을 찾아주어야 한다. 외부 낮장면을 렌더링하여 표현할 경우 태양빛이 주조명이기 때문에 이는 매우 중요하다.

04 'Exterior_Daylight02'탭을 마우스 오른쪽을 클릭하
    여 업데이트해준다.

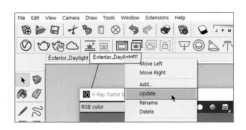

05 [V-Ray Asset Editor]에서 'Settings(⚙)' 옵션창에서 [Material Override]탭에서 '활성/비활성' 버튼
    을 다시 클릭하여 비활성화 시켜준다.

06 File〉Save하여 저장한다.

2. 재질 설정하기

2.1 유리창에 반사/굴절 재질 입히기

01 [V-Ray Asset Editor]의 'Materials(◉)'옵션창에서 'Window Glass' 재질을 선택한 후 오른쪽 메뉴 펼침 아이콘(▶)을 클릭하여 미리보기창이 나오도록 확장시킨다.

02 반사재질을 주기 위해 오른쪽에 있는 V-Ray 통합 레이어인 [VRayBRDF] 레이어 탭에서 반사를 설정하는 [Reflection]옵션 탭을 클릭해 확장한다.

03 반사값을 설정하는 'Reflection Color' 옵션의 슬라이드 바를 가장 오른쪽으로 이동하고(검정색이던 색상 상자가 흰색 색상 상자로 바뀐 것을 확인한다) 재질감 미리보기창에서 재질감을 확인한다. 재질이 반짝이며 반사가 일어나는 것을 확인한다.

04 이제 유리재질을 투명하게 하기 위하여 [VRayBRDF] 레이어 탭에서 굴절을 설정하는 [Refraction]옵션 탭을 클릭해 확장한다.

05 굴절값을 설정하는 'Refraction Color' 옵션의 슬라
이드 바를 가장 오른쪽으로 이동하고, 재질감 미리보
기창에서 재질감을 확인한다. 재질이 투명해진 것을
확인한다.

06 렌더링하여 확인한다. 이제 유리가 투명해져 실내가 보이고 반사도 일어나고 있다.

07 그러나 유리창 색이 너무 투명하므로 약간의 색을 넣을 필요가 있다. [Refraction]옵션 탭에서 'Fog Color' 색상박스를 클릭한다.

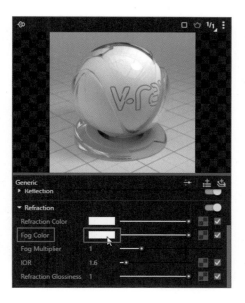

08 'Color Picker' 창이 나타나면 'Range'의 범위를 바꾸기 위해 오른쪽의 펄침버튼(⌄)을 클릭하여 '0 to 255'로 범위를 바꿔준다.

09 'R(빨강)'의 수치값만 '130'으로 수정한 후 'Color Picker' 창 오른쪽 상단의 'Close(☒)'를 클릭하여 'Color Picker' 창을 닫는다.

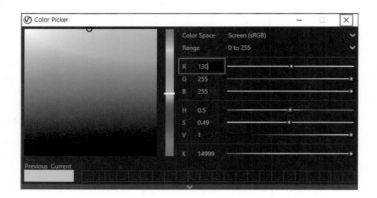

10 재질 미리보기창의 유리 재질이 색이 입혀졌다.

11 렌더링해서 확인한다.

12 그러나 렌더링 이미지를 보면 유리의 색상이 너무 진하다는 것을 알 수 있다. 유리의 색상을 연하게 표현하기 위해 'Fog Color'의 세기를 조절하는 'Fog Multiplier' 옵션의 수치값을 '0.1'로 설정하고 렌더링한다. 유리의 색상이 연해진 것을 확인한다.

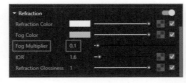

13 그러나 반대편 이미지가 매우 선명하게 반사가 되고 있다. 반사값을 낮춰 자연스러운 반사의 표현을 할수 있다. [Reflection]옵션 탭에서 'Reflection Glossiness'값을 '0.8'로 바꿔준다.

14 렌더링해서 확인한다.

2.2 외벽에 Bump(범프) 재질 입히기

01 먼저 재질이 잘 보이게 하기 위해 장면을 추가한다. 'Exterior_Daylight02'탭을 마우스 오른쪽을 클릭
하고 나오는 팝업메뉴에서 'Add'를 선택한다. 'Scene 3' 장면이 만들어졌다.

02 이제 아래 이미지를 보면서 벽과 아래에 있는 연못이 잘 보이도록 Zoom Tool(🔍)로 화면을 확대하고 SketchUp의 상단 메뉴에서 Camera>Two-Point Perspective를 선택한다.

03 [Large Tool Set]에서 'Look Around(👁)'를 클릭한다.

04 SketchUp화면의 오른쪽 하단에 'Eye Height'값을 '1400'으로 입력한다.

05 장면을 업데이트 한다.

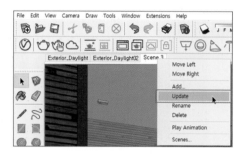

06 [V-Ray Asset Editor]의 'Materials(⊗)'옵션창에서 'Brick Wall'재질을 선택한다.

07 [V-Ray Asset Editor]창의 오른쪽에 있는 [VRayBRDF] 통합 레이어 탭의 'Add Attribute'아 이콘(⬆)을 클릭해 하위옵션을 나타나게 한 후 'Bump'를 선택하여 클릭한다.

08 [VRayBRDF] 통합 레이어에 [Bump] 옵션 탭이 생성된 것을 확인하고 'Mode/Map' 옵션의 오른 쪽에 있는 'Texture Slot(▦)'을 클릭한다.

09 'Bitmap'을 선택한다.

10 나오는 'Select a file'창에서 저장한 'Special Brick01_B.jpg' 파일을 선택하고 [열기]버튼을 클릭한다.

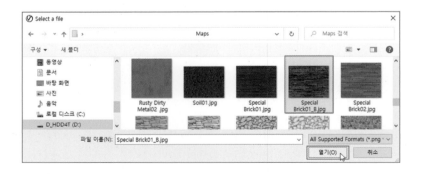

11 [Bitmap]옵션창의 하단에서 'Up the Assets Hierarchy(⬆) 버튼을 클릭한다

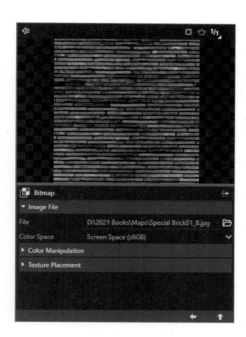

12 Render(📷)를 눌러 렌더링되는 결과를 확인한다. 벽의 재질이 볼륨있게 표현이 된 것을 알 수 있다. 모니터로 볼 때보다 이미지로 출력할 경우 Bump(범프) 재질이 더욱 잘 표현된다.

2.3 창문 프레임에 재질 입히기

01 [V-Ray Asset Editor]의 'Materials(◉)'옵션창에서 'Frame Color' 재질을 선택한다.

02 [Reflection]옵션 탭을 클릭해 확장한다.

03 'Reflection Color' 옵션의 슬라이드 바를 오른쪽으로 이동한다. 반사값을 낮추기 위해 'Reflection Glossiness' 값을 '0.9'로 입력한다.

04 렌더링해서 확인한다. 유리창 프레임에 약한 반사가 일어나는 것을 알 수 있다.

2.4 물 재질 입히기

01 [V-Ray Asset Editor]의 'Materials(⊗)' 옵션창에서 'Pond Water' 재질을 선택한다. 'Pond Water' 재질은 현재 굴절값은 설정된 상태이다.

02 [Reflection]옵션 탭을 클릭해 확장하고 'Reflection Color' 옵션의 슬라이드 바를 오른쪽으로 이동한다. 물, 유리와 같은 재질은 반사와 굴절이 함께 적용되어야 사실감나는 재질로 표현할 수 있다.

03 렌더링해서 물 위에 반사가 일어나는 것을 확인한다.

04 이제 물결을 만들어 사실적인 물을 표현할 것이다. [V-Ray Asset Editor]창에서 오른쪽의 [VRayBRDF] 통합 레이어 탭의 'Add Attribute' 아이콘(⬚)을 클릭해 하위옵션을 나타나게 한 후 'Displacement'를 선택하여 클릭한다.

05 [VRayBRDF] 통합 레이어에 [Displacement]옵션
탭이 생성된 것을 확인한 후 활성화 시킨다.

06 [Displacement] 옵션 탭의 왼쪽에 있는 펼침버튼
(▶)을 눌러 하위 메뉴가 나타나도록 한다.

07 'Mode/Map' 옵션의 오른 쪽에 있는 'Texture
Slot(■)'을 클릭한다.

08 나타나는 메뉴에서 'Noise A'타입을 선택한다

09 렌더링 시간을 단축시키기 위해서 [V-Ray frame buffer]창에서 'Region render(●)'를 클릭하고 물
부분만 드래그하여 렌더링하도록 한다. 렌더링된 이미지를 보면 아주 작은 패턴들로 표현된 것을 알 수
있다.

10 [Texture Placement] 옵션 탭을 클릭하여 하위 메
뉴가 나타나도록 한 후 'Repeat U/V'의 'U'와 'V'의 수
치값을 각각 '0.02'로 수정하고 렌더링하여 확인한다.
물결의 모양이 나타난다.

11 [Noise A]옵션창의 하단에서 'Up the Assets
Hierarchy()' 버튼을 클릭한다.

12 물에 색을 입히기 위하여 [Refraction]옵션 탭에서 'Fog Color' 색상박스를 클릭한다.

13 'Color Picker' 창이 나타나면 'R: 200, G: 225 B: 250'을 입력하고 오른쪽 상단의 'Close(×)'를 클릭
하여 'Color Picker' 창을 닫는다.

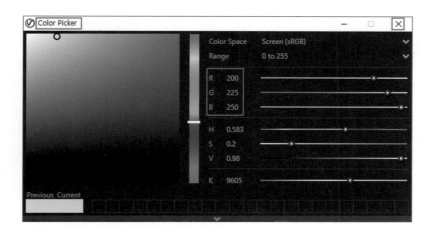

14 렌더링하여 확인한다. 물결의 형태는 나타났으나 색이 너무 진한 것을 볼 수 있다.

15 물의 색상을 연하게 표현하기 위해 'Fog Color'의 세기를 조절하는 'Fog Multiplier' 옵션의 수치값을
'0.1'로 설정하고 렌더링한다. 물의 색상이 연해진 것을 확인한다.

16 [V-Ray frame buffer]창에서 'Region render(🔘)'를 다시 클릭하여 'Region Render'를 비활성화 시
킨다.

17 File〉Save하여 지금까지 한 작업을 저장한다.

2.5 기단부에 Bump(범프) 재질 입히기

01 [V-Ray Asset Editor]의 'Materials(◙)'옵션창에서
    'Podium' 재질을 선택한다.
02 [V-Ray Asset Editor]의 오른쪽에 있는
    [VRayBRDF] 통합 레이어 탭의 'Add Attribute' 아
    이콘(▣)을 클릭해 하위옵션을 나타나게 한 후
    'Bump'를 선택하여 클릭한다.

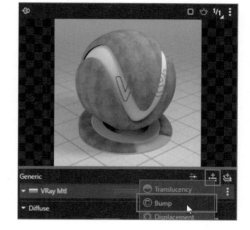

03 [VRayBRDF] 통합 레이어에 [Bump] 옵션 탭이 생
    성된 것을 확인하고 'Mode/Map' 옵션의 오른쪽에
    있는 'Texture Slot(▣)을 클릭한다.

04 'Bitmap'을 선택한다.

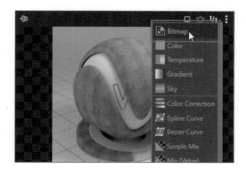

05 나오는 'Select a file'창에서 저장한 'Concrete01_B.jpg'파일을 선택하고 [열기]버튼을 클릭한다.

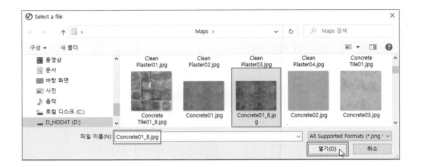

06 [Bitmap]옵션창의 하단에서 'Up the Assets Hierarchy()' 버튼을 클릭

한다.

07 재질 미리보기창에서 거칠어진 재질의 느낌을 확인한다.

08 렌더링하여 확인한다. 기단부가 거칠어진 느낌으로 바뀌었다.

2.6 Fur기능을 활용하여 잔디 표현하기

01 SketchUp의 Selection Tool(▶)로 'Grass' 오브
   젝트를 선택한다. 혹은 SketchUp의 [Outliner]Tray
   에서 'Grass' 오브젝트를 클릭하여 선택한다.

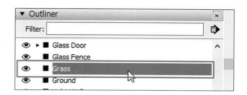

02 [V-Ray Objects] Toolbar(▦▦▦▦▦)에서 'Add Fur to Selection(▦)'을 클릭하여 'Ground' 오
   브젝트를 퍼(Fur)로 만든다.

03 [V-Ray Asset Editor]창에서 'Geometry(▦)'를 클
   릭해 [Geometries]옵션창을 나타낸 후 왼쪽 창에서
   'Fur_Grass'로 이름을 수정한다.

04 [V-Ray Asset Editor]의 오른쪽에 있는 [Parameters]탭에서 'Distribution' 옵션에서 'Per Area'를 선
   택한다.

05 Fur(여기서는 잔디)의 밀도를 조
   절하기 위해 Count(Area) 옵션
   의 수치값을 '10'으로 설정한다.

06 퍼(Fur)의 길이(잔디의 길이)를 설
   정하기 위해 'Length' 옵션의 수
   치값을 '2'으로 설정하고 퍼(Fur)
   의 굵기(잔디의 굵기)를 설정하기
   위해 'Thickness' 옵션의 수치값
   을 '0.08'로 설정한다.

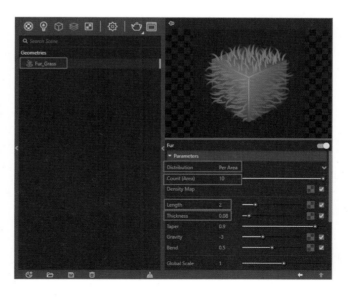

07 렌더링하여 확인한다. 자연스러운 잔디가 표현되는 것을 확인한다.

3. 환경맵 입히기

3.1 Dome Light 활용하기

01 'Exterior_Daylight02' 장면을 클릭한다.

02 V-Ray Light 도구모음( )에서 'Dome Light( )'를 선택하고 '바닥'을 클릭하여 'Dome Light'를 배치한다.

03 렌더링하여 확인한다. 하늘에 구름이 나타나고 'Dome Light'로 인해 주변환경이 표현된 것을 확인한다.

04 [V-Ray Asset Editor] 창의 [Lights] 옵션창에서 'Dome Light'를 선택하고 [Dome Light] 탭에 있는
'Color/Texture HDR' 옵션의 'Texture Slot(▦)'을 클릭한다.

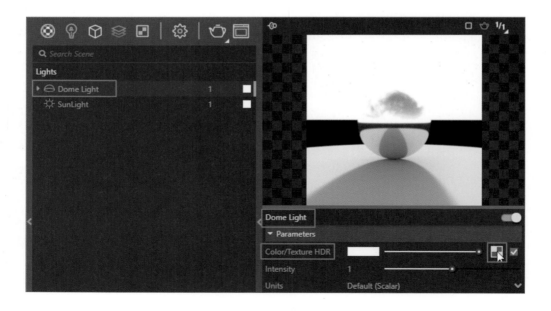

05 [Bitmap] 옵션창이 나타나면 [Texture Placement] 옵션 앞에 있는 펼침버튼을 클릭하여 하위메뉴가 나타나게 한다.

06 'Rotate H'의 수치값을 '45'로 입력한다.

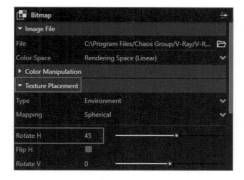

07 [Bitmap]옵션창의 'Up the Assets Hierarchy(⬆)' 버튼을 클릭하여 [Dome Light] 옵션창으로 돌아온 후 렌더링해 본다. 환경맵이 회전되면서 구름 모양이 바뀐 것을 볼 수 있다. 하늘 모습이 유리창과 연못에 자연스럽게 비치고 있다.

08 File>Save하여 저장한다.

3.2 Background에 직접 환경맵 적용하기

01 SketchUp창에서 Select Tool( )로 설치한
'Dome Light'를 [Delete]Key를 눌러 삭제한다.

02 SketchUp의 [Tags]Tray에서 '19.Background'
Tag 앞에 있는 눈모양( )의 아이콘을 클릭하여 '19.
Background' Tag를 가려준다.

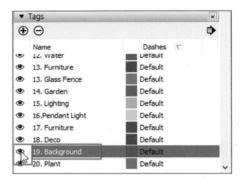

03 [V-Ray Asset Editor]창에서 'Settings( )'를 클릭
해 [Settings]옵션창을 나타내고 환경을 설정하는
[Environment]탭을 확장한다.

04 'Background' 옵션의 'Texture Slot( )'을 클릭
한다.

05 나타나는 'Sky'옵션 탭에서 'Replace With New
Texture( )'를 클릭하고 나오는 팝업메뉴에서
'Bitmap'을 선택한다.

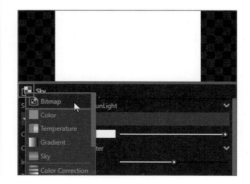

06 나오는 'Select a file'창에서 저장한 'day02.exr' 파일을 선택하고 [열기]버튼을 클릭한다.

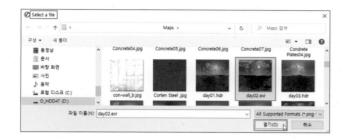

07 렌더링 시간을 단축시키기 위해 [V-Ray frame buffer]창에서 'Region render(🔲)'를 클릭하고 하늘 부분만 드래그하여 렌더링 영역을 지정한다. 렌더링된 이미지를 보면 하늘이 매우 어두운 것을 알 수 있다.

08 하늘을 밝게 표현하기 위해 [V-Ray Asset Editor]창 에서 'Settings(⚙)'를 클릭하고 [Environment]탭 의 'Background'의 값을 '22'로 입력하고 렌더링해

본다. 하늘이 밝아진 것을 확인한다.

09 구름의 위치를 수정하기 위해 다시 'Background'옵
션의 'Texture Slot(⬛)'을 클릭한다.

10 [Bitmap] 옵션창이 나타난다.

11 [Texture Placement]옵션 앞에 있
는 펼침버튼을 클릭하여 하위메뉴가
나타나게 한다.

12 'Rotate H'의 수치값을 '200'으로 입
력한다.

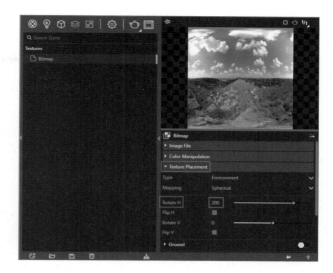

13 렌더링하여 확인한다. 구름의 위치가 이동한 것을 확인할 수 있다. 이와 같이 환경맵을 이동시켜 태양의
방향과 그림자의 위치가 맞아야 이미지가 사실적으로 보인다. 이 각도는 여러 번 테스트 렌더링을 통해
찾을 수 있으며 어떠한 환경맵을 사용하느냐에 따라 그 값은 달라진다.

14 [V-Ray frame buffer]창에서 'Region render()'를 다시 클릭하여 'Region Render'를 비활성화 시
킨다.

15 전체 이미지를 렌더링해 본다.

16 File〉Save로 지금까지 작업한 내용을 저장한다.

4. 최종 렌더링을 위한 옵션 설정하기

- **GI 연산 데이터 파일의 활용:** 연산 데이터 파일을 저장해서 불러오면 GI 연산, 샘플링, 렌더링 과정의 세 단계로 렌더링이 진행되는 것이 아니라 바로 렌더링 과정이 진행되므로 매우 효율적이다.
- 각 렌더링 엔진은 연산과정을 거쳐 렌더링을 완료하면 임시로 각 엔진의 데이터 파일을 저장한다. 이 저장된 데이터 파일을 외부에 저장시키고 다시 불러와서 렌더링하면 연산과정이 생략되기 때문에 렌더링 타임이 줄어든다. 이미지를 크게 출력할 경우나 재질값을 수정해서 새로 렌더링 할 경우에 유용하게 사용할 수 있다.
- 단 장면이 수정되면 장면에 맞는 새로운 GI 연산이 되는 것이 아니라 이전에 저장한 데이터가 적용되기 때문에 재활용은 불가능하다.

4.1 렌더링할 장면 수정하기

01 'Exterior_Daylight' 장면을 선택한다.

02 SketchUp의 [Tags]Tray에서 '19. Background'Tag 앞에 있는 눈모양(👁)의 아이콘을 클릭하여 '19.Background'Tag를 가려준다.

03 'Exterior_Daylight' 장면에 마우스 커서를 올리고 오른쪽을 클릭하여 나오는 창에서 'Update'를 선택하여 장면을 업데이트한다.

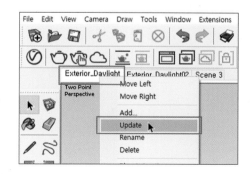

04 렌더링한다.

05 장면이 바뀌었으므로 구름의 위치를 조절할 필요가 있다. 구름의 위치를 수정하기 위해 다시 'Background' 옵션의 'Texture Slot(■)'을 클릭한다.

06 [Bitmap] 옵션창이 나타난다.

07 [Texture Placement]옵션 앞에 있는 펼침버튼을 클릭하여 하위메뉴가 나타나게 한다.

08 'Rotate H'의 수치값을 '180'으로 입력한다.

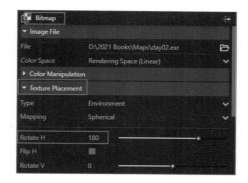

09 렌더링하여 확인한다. 구름의 위치가 이동한 것을 확인할 수 있다.

4.2 최종 렌더링을 위한 옵션 설정하기

01 Irradiance Map 연산 데이터 파일을 저장하기 위해 [V-Ray Asset Editor]창의 Settings(⚙)를 클릭하고 오른쪽 창에서 [Global Illumination]탭을 확장한다.

02 'Switch To Advanced Settings(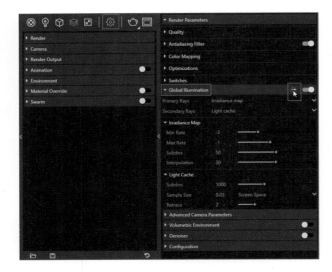)'를 클릭하여 하위메뉴 들이 나타나도록 한다.

03 [Irradiance Map]탭의 [Disk Caching]옵션 탭을 확 장시키고 [Save]버튼을 누른다.

04 나타나는 'Select an Irradiance Map File'창에서 저장할 경로를 지정하고 파일이름을 'Exterior_ Daylight'로 입력한 다음 [저장]버튼을 누른다. 이 저장된 파일의 확장자는 'vrmap'이다.

05 저장한 Irradiance Map 연산 데이터 파일을 불러오
기 위하여 'Mode' 옵션의 내림버튼(⌄)을 클릭해
'From File' 모드로 선택한다.

06 'Source File'에서 'Open File(📁)' 아이콘을 클릭한다. 나오는 'Select a file'창에서 방금 저장한
'Exterior_Daylight.vrmap' 파일을 선택하고 [열기]를 클릭한다. 'Source File'에 'Exterior_Daylight.
vrmap' 파일이 지정된 것을 확인한다.

07 이번에는 Light Cache 연산 데이터 파일을 저장하
기 위해 [Light Cache]탭의 [Disk Caching]옵션 탭
을 확장시키고 [Save]버튼을 누른다.

08 나타나는 'Select a Light Map File'창에서 저장할 경로를 지정하고 파일이름을 'Exterior_Daylight'로
입력한 다음 [저장] 버튼을 누른다. 이 저장된 파일의 확장자는 'vrlmap'이다.

09 저장한 Light Cache 연산 데이터 파일을 불러오기
위하여 'Mode' 옵션의 내림버튼(⌄)을 클릭해
'From File' 모드로 선택한다.

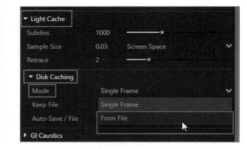

10 'Source File'에서 'Open File(📂)' 아이콘을 클릭한다. 나오는 'Select a file'창에서 방금 저장한
'Exterior_Daylight.vrlmap' 파일을 선택하고 [열기]를 클릭한다. 'Source File'에 'Exterior_Daylight.
vrlmap' 파일이 지정된 것을 확인한다.

4.3 최종 렌더링하기

01 최종 렌더링을 하기 위해 [V-Ray Asset Editor]의
   Settings(⚙)에서 [Render]탭에서 'Quality'를
   'High'로 바꿔준다.

02 또 [Render Output]탭에서 'Image Width/Height'
   값을 '1024'로 입력한다. 이 입력한 숫자에 따라 뒤쪽
   숫자도 자동으로 입력된다(이는 화면의 'Aspect Ratio'
   에 의해 정해진다).

렌더링된 이미지를 출력하여 사용할 경우 적어도 가로폭이 '1024'사이즈 이상, 렌더링 퀄리티는 'high' 이상이어야 한다.

03 렌더링한다. 기존의 연산과정이 생략된 채 바로 렌더링되는 것을 알 수 있다.

04 렌더링이 끝나면 이름을 'Exterior_Daylight'로 지정하여 TIF 파일형식으로 저장한다(JPEG는 권장하지
   않는다).

05 여기서는 배경 이미지를 합성하지 않고 그대로 사용할 것이므로 TIF로 저장하였다. 배경을 따로 합성할
   경우에는 PNG 파일로 저장하는 것이 좋다.

5. PhotoShop에서 이미지 보정하기

01 PhotoShop(Ps)을 실행한다.

02 File〉Open하여 작업한 파일 'Exterior_Daylight.tif'를 불러온다.

03 오른쪽에 있는 [Layer]탭에서 'Background' Layer
를 더블클릭하고 나오는 'New Layer'창에서 [OK]를
선택하여 일반 Layer로 만들어준다.

04 키보드로 '[Ctrl]+J'를 눌러 Layer를 복사한다.

05 복사된 Layer를 클릭하여 선택하고 상단의 메뉴바에
서 Image〉Auto Color를 선택하여 전제적인 이미
지의 색상을 보정한다.

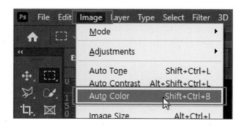

06 Opacity를 '50'으로 설정한다.

07 키보드로 '[Ctrl]+E'를 눌러 Layer를 병합한다.

08 다시 키보드로 '[Ctrl]+J'를 눌러 Layer를 복사한다.

09 복사된 Layer를 클릭하여 선택하고 상단의 메뉴바에서 Image〉Adjustments〉Levels를 선택한다(단축키 '[Ctrl] + L'을 눌러도 된다).

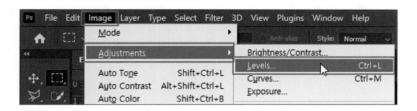

10 나오는 [Level]창에서 가장 밝은 영역에 '200'을 입력하여 이미지를 조금 밝게 보정하고 [OK]를 클릭한다.

11 보정한 Layer의 Opacity를 50으로 설정한다. 보정하지 않은 아래 Layer와 50%씩 혼합이 된다.

12 다시 키보드로 '[Ctrl]+E'를 눌러 두 Layer를 병합한다.

13 다시 키보드로 '[Ctrl]+J'를 눌러 Layer를 복사한다.

14 복사한 Layer가 선택되었는지 확인하고 Layer의 블렌딩 모드를 'Soft Light'를 선택한다. 'Soft Light' 블렌딩 모드는 색상이 어두운 부분은 더욱 어둡게 밝은 부분은 더욱 밝게 만들어준다. 이미지가 매우 선명해졌다.

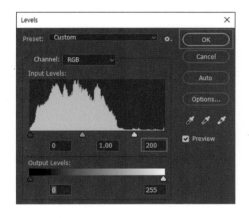

15 'Soft Light' 블렌딩 모드가 적용된 Layer의 Opacity를 '30'으로 설정한다.

16 키보드로 '[Ctrl]+E'를 눌러 두 Layer를 병합한다.

17 다시 키보드로 '[Ctrl]+J'를 눌러 Layer를 복사한다.

18 복사한 Layer에 Filter 기능을 사용하여 보정을 한다. 상단의 메뉴바에서 Filter〉Filter Gallery를 선택한다.

19 그러나 현재 사용하려는 Filter Gallery가 비활성화
　 되어 있다.

20 다시 상단의 메뉴바에서 Image>Mode에서 현재
　 '16Bits/Channel'인 것을 '8Bits/Channel'로 바꿔준다.

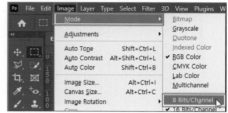

21 다시 상단의 메뉴바에서 Filter>Filter Gallery를 선
　 택한다. 이제 Filter Gallery가 활성화되는 것을 알 수 있다.

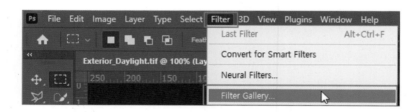

22 Distort>Diffuse Glow를 선택한다.
　 Graininess → 0, Glow Amount → 3, Clear
　 Amount → 10으로 입력한 후 [OK]한다.

23 'Diffuse Glow'가 적용된 Layer의 Opacity
　 값을 '30'으로 설정한다.

24 키보드로 '[Ctrl]+E'를 눌러 두 Layer를 병합한다.

25 File>Save as 명령으로 다른 이름으로 저장한다. 본 실습에서는 'Exterior_Daylight_Edited.png'로
　 저장하였다. 두 이미지를 비교하여 본다.

[V-Ray로 렌더링된 원본 이미지]

[PhotoShop으로 보정된 이미지]

제 6 강

V-Ray를 활용한 건축물 외부공간 야간장면 연출하기

강의 목표

본 강의에서는 V-Ray를 활용하여 건축물 외부공간 야간장면을 연출하는 방법에 대해서 알아본다. 건물의 야간장면은 인공조명의 배치와 Emissive 재질로 주로 연출된다. 또한 실내에서도 빛이 외부로 빛나야 하므로 어느정도 인공조명을 배치할 필요가 있다.
아주 어두운 밤보다는 일몰 직전이 보다 극적인 표현이 가능하며 환경맵을 사용하여 분위기 있는 야간장면을 표현할 수 있다.
작업과정은 먼저 조명을 설치하고 재질을 입혀서 이미지를 완성하는 방식으로 진행한다.

1. 장면 설정하기

1.1 장면 불러오기

01 'Vray Practice' 폴더 아래에 있는 '01 Files' 폴더에 '05 Exterior_Night.skp' 파일을 저장한다.

02 SketchUp(🍥)을 더블클릭하여 실행하고 '05 Exterior_Night.skp' 파일을 찾아 오픈한다.

03 File〉Save as로 '05 Exterior_Night_Test.skp'로 저장한다(이는 원본은 유지하고 실습하기 위해서 다른 이름으로 저장하는 것이다).

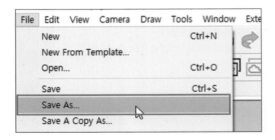

04 [V-Ray for SketchUp] Toolbar에 있는 'Render(🔄)'를 눌러 렌더링해 보고 장면을 확인한다.

05 V-Ray 기본 설정값으로 렌더링이 되며 결과 이미지는 낮으로 표현되고 있다.

1.2 V-Ray Option 불러오기

01 우리가 설정한 'vropt' 파일을 불러와서 렌더링 환경을 세팅한다.

02 [V-Ray for SketchUp] Toolbar에 있는 '[Asset Editor](⊘)'를 클릭한다.

03 나타나는 [V-Ray Asset Editor]창에서 'Settings(⚙)' 옵션창의 하단에 있는 'Load Render Setting From File(⊡)'을 클릭한다.

04 클릭하여 나오는 [Load Render Settings'창에서 2장에서 저장한 'daylight.vropt' 파일을 찾아서 선택한 후 [열기]버튼을 클릭한다.

05 'Render(⬡)'를 눌러 렌더링해 본다.

06 렌더링 속도도 빨라지고 하늘이 좀더 맑아진 것을 알 수 있다.

1.3 장면 확인하고 시간 설정하기

01 파일을 살펴보면 'Exterior_Night'라는 하나의 장
면으로 되어 있으며 장면의 왼쪽 위에 'Two Point
Perspective'라고 표시가 되어 있다.

02 현재 이미지는 밝은 낮으로 표현되고 있다. V-Ray의 시간은 SketchUp의 [Shadow] Tray에서 바꿔줄
수 있다.

03 SketchUp의 [Shadow] Tray를 보면 'Time(시간)'이
오후 1시 30분으로, 'Date(날짜)'가 11월 8일로 되어
있다. 저녁시간으로 설정해야 하므로 'Time'은 오후

6시 30분으로, 'Date'은 10월 8일로 바꿔준다.

04 렌더링해 보고 장면을 확인한다. 해가 지고 장면이 어두워졌다. 야간장면의 경우 일몰 후 시간대로 설정
    하여 렌더링 하는 것이 훨씬 좋은 렌더링 이미지를 만들어 준다.

05 마우스를 'Exterior_Night' 위에 올리고 마우스 오른
    쪽을 클릭하여 'Update'한다. 반드시 'Update'를 해
    주어야 변경한 장면이 저장된다.

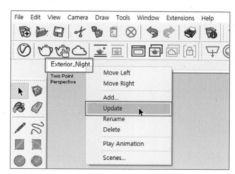

2. 조명 배치하기

2.1 실내 조명 불러오기

01   야간의 외부 이미지를 작업하는 데 있어 실내의 조명은 매우 큰 부분을 차지한다. 내부의 야간장면에 대해서는 8강에서 다루게 될 예정이니 본 실습에서는 미리 설치된 조명을 사용할 예정이다.

02   SketchUp의 [Tags]Tray에서 '21.Interior Lights'Tag 앞에 있는 눈 모양의 아이콘(◎)을 클릭하여 숨겨 놓은 조명들을 불러온다.

03   렌더링하여 확인한다. 실내가 밝아지고 빛이 외부로 비치고 있다.

04 내부 조명은 Rectangle Light와 IES Light가 설치되어 있다.

05 장면을 업데이트한다.

2.2 입구 천장에 IES Light 설치하기

01 오른쪽 입구부분의 천장에 있는 조명에 IES Light를 설치할 것이다.

02 SketchUp의 [Large Tool Set] Toolbar에서 'Zoom Tool(🔍)'을 이용하거나 마우스 휠, 'Pan Tool(✋)'을 사용하여 천장에 부착된 조명기구 중 왼쪽 맨 앞에 있는 조명기구를 확대한다(아래 그림 참조).

03 V-Ray Light 도구모음(🔲◯△⛰❋◎◎)에서 IES Light(🔦)를 선택하면 'IES File'창이 열린다. 여기서 'IES Light03.ies' 파일을 선택하고 [열기]를 누른다.

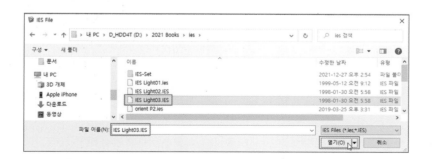

04 조명 기구 오브젝트의 중심점을 클릭하여 'IES Light'를 배치한다.

05 SketchUp 창에서 Select Tool(▶)로 IES Light를 선택한 후 SketchUp의 [Tags] Tray에서 'Add Tag(⊕)'를 클릭하여 Tag를 추가하고 이름을 '22. Enterance_IES'로 바꿔준다.

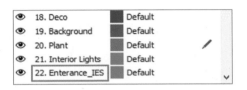

06 [Entity Info] Tray에서 선택한 'IES Light'를 '22. Enterance_IES' Tag에 지정해 준다.

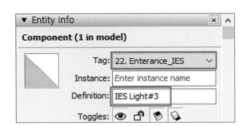

07 [V-Ray Asset Editor]창이 보이지 않는다면 [V-Ray for SketchUp] Toolbar에 있는 '[Asset Editor](⊘)'를 클릭한다.

08 나타나는 [V-Ray Asset Editor]창에서 'Lights(💡)'를 선택한다.

09 지금 설치한 'IES Light#3'을 더블클릭하여 'IES Light_Enterance'로 이름을 바꿔준다.

밤장면은 다수의 조명이 설치되기 때문에 알아보기 쉽게 구체적인 이름으로 바꿔주는 것이 작업할 때 보다 효과적이다.

10 SketchUp 창에서 'IES Light_Enterance' 조명이 선택되어 있는지 확인한다. 선택되어 있지 않다면 Select Tool(▶)로 선택한다.

11 이제 'IES Light_Enterance' 조명을 천장에 있는 조명기구에 맞춰 복사할 것이다.

12 아래 그림을 참고하여 SketchUp의 [Large Tool Set] Toolbar에서 'Zoom Tool(🔍)'을 이용하거나 마우스 휠, 'Pan Tool(✋)'을 사용하여 입구 천장 왼쪽 부분의 조명기구가 모두 보이도록 화면을 조정한다.

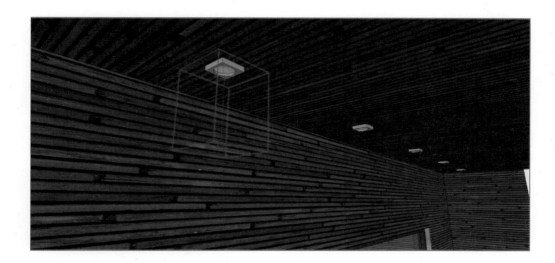

13 SketchUp의 'Move Tool(✥)'를 선택하고 [Ctrl]Key를 누른 채 y축(녹색축) 쪽으로 이동한다. 이때 오른쪽 하단 VCB(Value Control Box)창에서 'Distance'값을 '1150'로 입력하고 [Enter]key를 누른다. 그리고 바로 다시 'x4'를 입력하여 4개를 복사한다.

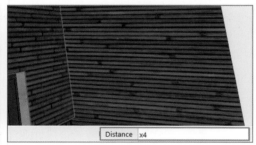

[VCB창에 1150 입력 후 [Enter]]

[VCB창에 'x4' 입력 후 [Enter]]

[조명 'IES Light_Enterance' 가 모두 복사된 모습]

14 원래의 장면으로 돌아가기 위해 'Exterior_Night' 장면탭을 클릭한다.

15 렌더링하여 장면을 확인한다. 장면에 빛이 나지 않는 것은 현재 IES Light에 아무런 값도 입력하지 않았기 때문이다.

16 [V-Ray Asset Editor] 창의 [Lights]옵션창에서 'IES Light_Enterance' 를 선택한 후 오른쪽에 있는 옵션창에서 'Intensity(lm)'옵션을 체크하여 활성화하고 수치 값을 '1,000,000'으로 바꿔준다.

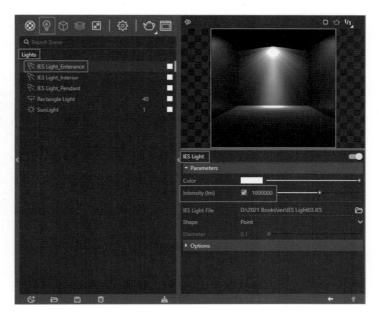

17 렌더링하여 확인한다. 이제 설치한 조명에서 빛이 나고 있다.

18 이제 복사된 'IES Light_Enterance' 조명을 맞은 편 벽쪽으로 복사할 것이다. SketchUp창에서 Select Tool(⬆)로 선택한다.

19 [Ctrl]Key를 누르고 'IES Light_Enterance' 5개를 하나씩 클릭하여 모두 선택한다.

20 'Move Tool(✛)'를 선택하고 [Ctrl]Key를 누른 채 이번에는 X축(빨간색축) 쪽으로 이동한다. 이때 오른쪽 하단 VCB(Value Control Box)창에서 'Distance'값을 '4090'로 입력하고 [Enter]key를 누른다.

[맞은 편 벽쪽으로 조명이 모두 복사된 모습]

21 렌더링해서 확인한다. 이제 양쪽면으로 조명이 설치되었으며 전체적으로 공간이 밝아진 것을 볼 수 있다.

2.3 Emissive 재질로 조명효과 주기

01 조명이 설치되어 비춰지고는 있으나 조명기구 자체에서는 빛이 나고 있지 않다.

02 [V-Ray Asset Editor]창의 [Materials]옵션창을 클릭하고 'Light Emissive' 재질을 클릭하여 선택
한다.

03 재질감 미리보기창을 보기 위해서 펼침 아이콘(▶)을 클릭한다.

04 [V-Ray Asset Editor]창에서 오른쪽의 [VRayBRDF] 통합 레이어 탭의 'Add Layer' 아이콘(🔛)을 클
릭해 하위옵션을 나타나게 한 후 'Emissive'를 선택하여 클릭한다.

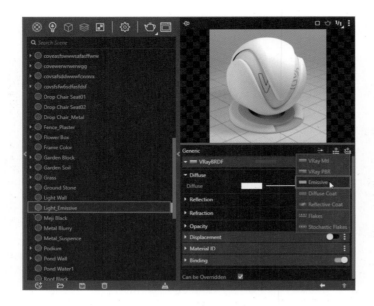

05 [Emissive]레이어가 추가되고 재질이 빛을 표현하는

것을 미리보기창에서 확인할 수 있다.

06 'Intensity(빛의 강도)' 값을 '6'으로 입력한다.

07 렌더링하여 확인한다. 천장, 조명 등, 잔디에 설치된 Foot Light, 계단 아래로 빛이 방출되고 있는 것을

볼 수 있다.

2.4 'Café Alice' 오브젝트를 Mesh Light로 만들기

01 잔디 위에 설치되어 있는 'Café Alice' 오브젝트를 Mesh Light로 만들어 조명으로 사용할 수 있다.

02 SketchUp창에서 Select Tool(▶)로 잔디 가운데에 있는 'Café Alice' 오브젝트를 선택한다.

03 V-Ray Light 도구모음(▽◉◭↑☀◙◎)에서 'Convert to Mesh Light(◎)'를 클릭하여 'Café Alice' 오브젝트를 Mesh Light로 만들어준다.

04 렌더링하여 확인한다. 'Café Alice' 오브젝트가 스스로 빛을 방출하며 조명으로 바뀐 것을 볼 수 있다.

05 이제 Mesh Light를 좀더 밝게 하기 위해 [V-Ray Asset Editor]창의 [Lights]옵션창에서 'Mesh Light'가 선택되어 있는지 확인 후 오른쪽 [Mesh Light]옵션 창의 [Parameters]탭에서 'Intensity'값을 '200'으로 입력한다.

06 렌더링하여 확인한다. 가운데 'Café Alice' 오브젝트가 조명처럼 빛이 나면서 장면이 밝아진 것을 확인한다.

07 Mesh Light의 이름을 바꿔주기 위해 [V-Ray Asset Editor]창의 [Lights]옵션창에서 'Mesh Light'를 더블클릭하여 이름을 'Mesh Light_Alice'로 바꿔준다.

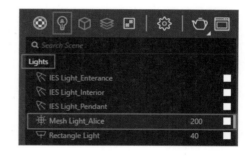

08 SketchUp의 [Tags] Tray에서 'Add Tag(⊕)'를 클릭하여 Tag를 추가하고 이름을 '23. mesh Light_Alice'로 바꿔준다.

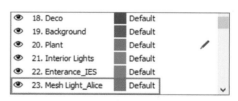

09 Select Tool(▶)로 잔디 가운데에 있는 'Café Alice' 오브젝트를 선택하고 [Entity Info] Tray에서 선택한 'Café Alice' 오브젝트를 '23. mesh Light_Alice'Tag에 지정해 준다.

2.5 구형 등기구를 Mesh Light로 만들기

01 왼쪽 문 위에 구(Sphere)형의 등이 있다. 이 등을 Mesh Light로 만들어 조명으로 사용하려고 한다.

02 이 등기구는 3개의 그룹이 모여 하나의 그룹으로 되어 있는 오브젝트이다. Select Tool(▶)로 등기구를 더블클릭하여 그룹 편집모드로 들어간다.

03 위쪽의 둥근 등기구를 선택한다.

04 V-Ray Light 도구모음(▽◉◬☀◐◎)에서 'Convert to Mesh Light(◎)'를 클릭하여 Mesh Light로 만들어준다.v

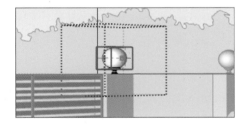

05 빈 공간을 클릭하여 편집모드에서 빠져나온다.

06 같은 방법으로 오른쪽에 있는 등기구도 Mesh Light로 만들어준다.

07 Mesh Light의 이름을 바꿔주기 위해 [V-Ray Asset Editor]창의 [Lights]옵션창에서 'Mesh Light'를 더블클릭하여 이름을 'Mesh Light_Sphere01'로, 'Mesh Light#1'은 'Mesh Light_Sphere02'로 입력한다.

08 'Intensity'값도 모두 '200'으로 입력한다.

09 렌더링하여 확인한다.

10 SketchUp의 [Tags] Tray에서 'Add Tag(⊕)'를 클릭하여 Tag를 추가하고 이름을 '24. mesh Light_Sphere'로 바꿔준다.

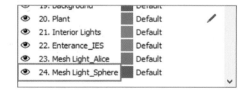

11 [Ctrl] Key를 누르고 Select Tool()로 구(Sphere) 형태의 오브젝트 두 개를 선택하고 [Entity Info] Tray에서 선택한 구(Sphere)형태의 오브젝트를 '24. mesh Light_Sphere' Tag에 지정해 준다.

2.6 Emissive 재질로 Light Wall 만들기

01 오른쪽 입구부분 앞쪽에 'Light Wall'이 설치되어 있다.

02 [V-Ray Asset Editor]창의 [Materials]옵션창을 클릭하고 'Light Wall' 재질을 클릭하여 선택한다.

03 [V-Ray Asset Editor] 창에서 오른쪽의 [VRayBRDF] 통합 레이어 탭의 'Add Layer' 아이콘(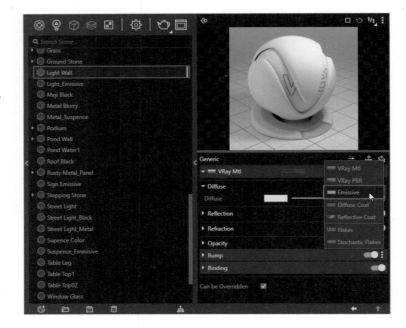)을 클릭해 하위옵션을 나타나게 한 후 'Emissive'를 선택하여 클릭한다.

04 [Emissive]레이어가 추가되고 재질이 빛을 표현하는 것을 미리보기창에서 확인할 수 있다.

05 'Light Wall'은 연한 노란색빛이 방출되어야 한다. 그
러나 현재 재질 미리보기창으로 보면 흰색으로 빛이
나는 것을 알 수 있다.

06 연한 노란 빛을 방출하기 위해 [Diffuse]옵션 탭에
있는 'Color Box(색상상자)'를 마우스 왼쪽 클릭으로
드래그하여 [Emissive]옵션 탭에 있는 'Color' 옆의
'Color Box(색상상자)'로 드롭하여 복사한다.

07 연한 노란빛이 미리보기창에서 방출되는 것을 알 수 있다. 'Intensity'값으로 '1.3'을 입력하고 렌더링하여 결과를 확인한다. 'Light Wall' 오브젝트에서 연한 노란빛이 방출되는 것을 볼 수 있다.

방출되는 빛이 색이 있는 경우 Intensity값이 '1.5' 이상이 되면 방출되는 빛이 세기 때문에 흰색으로 방출된다. 그러므로 'Intensity'는 1.5 이하로 조절해야 한다.

2.7 Rectangle Light로 간접등 효과주기

01 연못에서 건물쪽으로 업라이트 효과를 주기 위해 아래 그림을 참고하여 SketchUp의 [Large Tool Set] Toolbar에서 'Zoom Tool(🔍)'을 이용하거나 마우스 휠, 'Pan Tool(✋)'을 사용하여 장면을 바꿔준다.

02 V-Ray Light 도구모음(🔲◉◭🔦✳◐◎)에서 Rectangle Light(🔲)를 선택한 후 아래 그림을 참고하여 시작점을 클릭한 후 드래그하여 끝점을 클릭해 Rectangle Light를 만든다. 생성된 Rectangle Light의 화살표 방향이 위쪽을 향해야 한다.

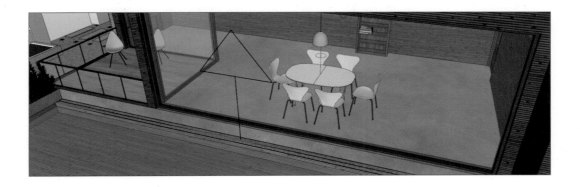

03 [V-Ray Asset Editor]창의 [Lights]옵션창에서 'Rectangle Light'를 선택한 후 오른 쪽에 있는 옵션창 에서 'Intensity'값을 '100'으로, 'U Size'는 '350'으로, 'V Size'는 '5'로 입력한다.

04 Rectangle Light에서 방출되는 색을 바꾸기 위해 [Parameters]옵션 탭의 'Color/Texture' 옆의 'Color Box(색상상자)'를 클릭한다.

05 나타나는 'Color Picker'창에서 R=254, G=254, B=194로 입력하고 닫기(☒)를 누른다.

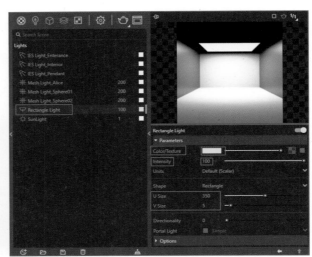

06 'Exterior_Night' 장면탭을 클릭하고 렌더링하여 장면을 확인한다.

2.8 IES Light로 업라이트(Up Light) 효과주기

01 장면의 왼쪽에 식물들이 심어져 있는 화단이 있다. 이곳에 'IES Light'를 사용하여 업라이트 효과를 줄
    수 있다.

02 V-Ray Light 도구모음(▽◎△↑※◎◎)에서 IES Light(↑)를 선택하면 'IES File'창이 열린다. 여기
    서 'IES Light02.ies' 파일을 선택하고 [열기]를 누른다.

03 아래 그림을 참고하여 'Water' 오브젝트 위쪽을 클릭한다.

04 현재 'IES Light'의 방향이 아래쪽을 향하고 있으므로 Select Tool(▶)로 'IES Light'를 선택한 후 마우스 오른쪽 클릭하여 나오는 팝업메뉴에서 Flip Along〉Component's Blue를 선택하여 방향을 뒤집어준다.

05 'Zoom Tool(🔍)'을 이용하거나 마우스 휠, 'Pan Tool(✋)'을 사용하여 아래 그림과 같이 장면을 이동한다.

06 'Move Tool(✥)'를 선택하여 이동시키고 복사하여 아래 그림과 같이 배치시킨다.

07 ‘Exterior_Night’ 장면탭을 클릭한다.

08 [V-Ray Asset Editor]창의 [Lights]옵션창에서 ‘IES Light’를 더블클릭하여 이름을 ‘IES Light_ Uplight’로 바꿔준다.

09 오른쪽에 있는 옵션창에서 ‘Intensity(lm)’ 옵션을 체크하여 활성화 하고 수치값을 ‘100,000’으로 바꿔준다.

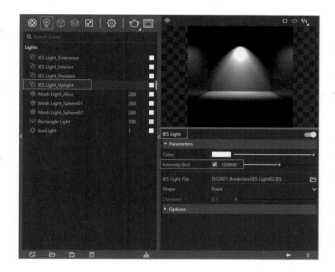

10 렌더링해서 장면을 확인한다.

11 SketchUp의 [Tags] Tray에서 'Add Tag(⊕)'를 클릭하여 Tag를 추가하고 이름을 '25. UP Light' 로 바꿔준다.

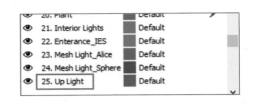

12 [Ctrl] Key를 누르고 Select Tool(▶)로 'IES Light_Uplight' 3개와 'Rectangle Light'를 모두 선택하고 [Entity Info] Tray에서 '25. UP Light' Tag에 지정해준다.

13 File〉Save하여 지금까지 작업한 내용을 저장한다.

3. 재질 설정하기

3.1 유리창에 반사재질 입히기

01 [V-Ray Asset Editor]의 'Materials(◉)' 옵션창에서 'Window Glass' 재질을 선택한 후 오른쪽 메뉴 펼침아이콘(▶)을 클릭하여 미리보기창이 나오도록 확장시킨다.

02 반사재질을 주기 위해 오른쪽에 있는 V-Ray 통합 레이어인 [VRayBRDF] 레이어 탭에서 반사를 설정하는 [Reflection]옵션 탭을 클릭해 확장한다.

03 반사값을 설정하는 'Reflection Color' 옵션의 슬라이드 바를 가장 오른쪽으로 이동하고 재질감 미리보기창에서 재질감을 확인한다. 재질이 반짝이며 반사가 일어나는 것을 확인한다.

04 반사값을 낮추어 자연스러운 반사를 표현하기 위하여 [Reflection]옵션 탭에서 'Reflection Glossiness'값을 '0.8'로 바꿔준다.

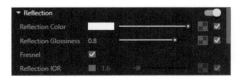

05 렌더링해서 확인한다.

3.2 유리창에 색상 넣어 주기

01 유리창 색이 너무 투명하므로 약간의 색을 넣을 필요
가 있다. [Refraction]옵션 탭에서 'Fog Color' 색상
박스를 클릭한다.

02 'Color Picker'창이 나타나면 '
R(빨강)'의 수치값만 '130'으로 수
정한 후 'Color Picker' 창 오른쪽
상단의 'Close(☒)'를 클릭하여
'Color Picker' 창을 닫는다.

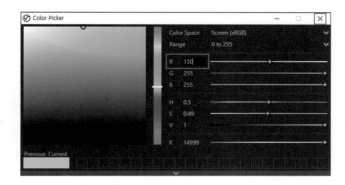

03 재질 미리보기창의 유리 재질이 색이 입혀졌다.

04 유리의 색상을 연하게 표현하기 위해 'Fog Color'의
세기를 조절하는 'Fog Multiplier' 옵션의 수치값을
'0.1'로 설정한다

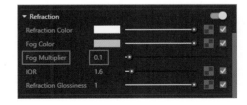

05 렌더링해서 확인한다.

3.3 외벽에 Bump(범프) 재질 입히기

01 [V-Ray Asset Editor]의 'Materials(⊗)' 옵션창에서 'Brick Wall' 재질을 선택한다.

02 [V-Ray Asset Editor]창의 오른쪽에 있는 [VRayBRDF] 통합 레이어 탭의 'Add Attribute'아이콘(⊡)을 클릭해 하위옵션을 나타나게 한 후 'Bump'를 선택하여 클릭한다.

03 [VRayBRDF] 통합 레이어에 [Bump] 옵션 탭이 생성된 것을 확인하고 'Mode/Map' 옵션의 오른쪽에 있는 'Texture Slot(▪)'을 클릭한다.

04 'Bitmap'을 선택한다.

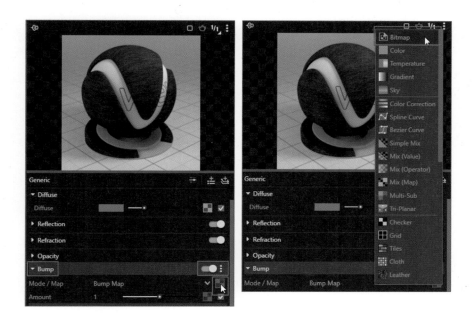

05 나오는 'Select a file'창에서 저장한 'Special Brick01_B.jpg' 파일을 선택하고 [열기]버튼을 클릭한다.

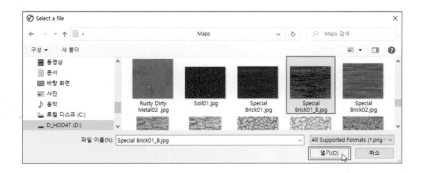

06 [Bitmap]옵션창의 하단에서 'Up the Assets
   Hierarchy(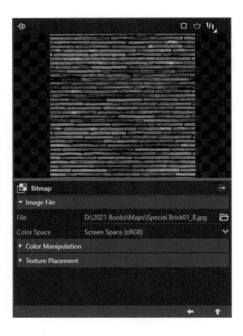)' 버튼을 클릭한다.

07 Render(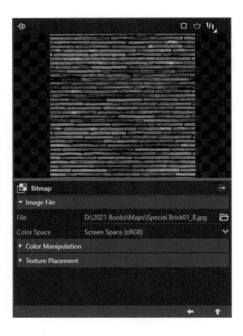)를 눌러 렌더링되는 결과를 확인한다. 벽의 재질이 볼륨있게 표현된 것을 알 수 있다. 모니
   터로 볼 때보다 이미지로 출력을 할 경우 Bump(범프) 재질이 더욱 잘 표현된다.

3.4 물 재질 입히기

01 [V-Ray Asset Editor]의 'Materials(⊚)' 옵션창에서 'Pond Water' 재질을 선택한다. 'Pond Water'
    재질은 현재 굴절값이 설정이 된 상태이다.

02 [Reflection]옵션 탭을 클릭해 확장하고 'Reflection Color' 옵션의 슬라이드 바를 오른쪽으로 이동한
    다. 물, 유리와 같은 재질은 반사와 굴절이 함께 적용되어야 사실감 나는 재질로 표현할 수 있다.

03 렌더링해서 물 위에 반사가 일어나는 것을 확인한다.

04 이제 물결을 만들어 사실적인 물을 표현할 것이다.
    [V-Ray Asset Editor]창에서 오른쪽의
    [VRayBRDF] 통합 레이어 탭의 'Add Attribute' 아
    이콘(⊞)을 클릭해 하위옵션을 나타나게 한 후
    'Displacement'를 선택하여 클릭한다.

05 [VRayBRDF] 통합 레이어에 [Displacement]옵션 탭이 생성된 것을 확인한 후 활성화 시킨다.

06 [Displacement] 옵션 탭의 왼쪽에 있는 펼침버튼 (▶)을 눌러 하위메뉴가 나타나도록 한다.

07 'Mode/Map' 옵션의 오른쪽에 있는 'Texture Slot(■)'을 클릭한다.

08 나타나는 메뉴에서 'Noise A'타입을 선택한다

09 렌더링 시간을 단축시키기 위해서 [V-Ray frame buffer]창에서 'Region render(●)'를 클릭하고 물 부분만 드래그하여 렌더링하도록 한다. 렌더링된 이미지를 보면 아주 작은 패턴들로 표현된 것을 알 수 있다.

10 [Texture Placement] 옵션 탭을 클릭하여 하위 메
    뉴가 나타나도록 한 후 'Repeat U/V'의 'U'와 'V'의 수
    치값을 각각 '0.02'로 수정하고 렌더링하여 확인한다.
    물결의 모양이 나타난다.

11 [Noise A]옵션창의 하단에서 'Up the Assets
    Hierarchy(⬆)' 버튼을 클릭한다.

12 물에 색을 입히기 위하여 [Refraction]옵션 탭에서 'Fog Color' 색상박스를 클릭한다.

13 'Color Picker' 창이 나타나면 'R: 200, G: 225 B: 250'을 입력하고 오른쪽 상단의 'Close(☒)'를 클릭하여 'Color Picker' 창을 닫는다.

14 렌더링하여 확인한다. 물결의 형태는 나타났으나 색이 너무 진한 것을 볼 수 있다.

15 물의 색상을 연하게 표현하기 위해 'Fog Color'의 세기를 조절하는 'Fog Multiplier' 옵션의 수치값을 '0.1'로 설정하고 렌더링한다. 물의 색상이 연해진 것을 확인한다.

16 [V-Ray frame buffer]창에서 'Region render()'를 다시 클릭하여 'Region Render'를 비활성화 시

킨다.

17 File〉Save하여 지금까지 한 작업을 저장한다.

3.5 기단부에 Bump(범프) 재질 입히기

01 [V-Ray Asset Editor]의 'Materials(▣)' 옵션창에
서 'Podium' 재질을 선택한다.

02 [V-Ray Asset Editor]의 오른쪽에 있는
[VRayBRDF] 통합 레이어 탭의 'Add Attribute' 아
이콘(▣)을 클릭해 하위옵션을 나타나게 한 후
'Bump'를 선택하여 클릭한다.

03 [VRayBRDF] 통합 레이어에 [Bump] 옵션 탭이 생성된 것을 확인하고 'Mode/Map' 옵션의 오른쪽에

있는 'Texture Slot(▦)'을 클릭한다.

04 'Bitmap'을 선택한다.

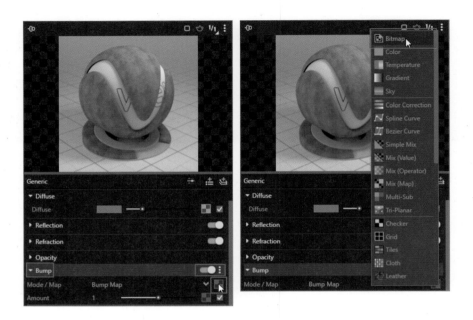

05 나오는 'Select a file'창에서 저장한 'Concrete01_B.jpg' 파일을 선택하고 [열기]버튼을 클릭한다.

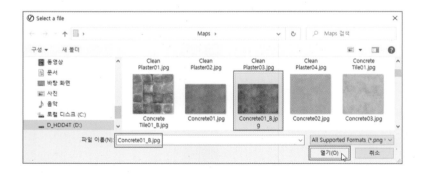

06 [Bitmap]옵션창의 하단에서 'Up the Assets Hierarchy(⬆)' 버튼을 클릭한다.

07 재질 미리보기창에서 거칠어진 재질의 느낌을 확인한다.

08 렌더링하여 확인한다. 기단부가 거칠어진 느낌으로 바뀌었다.

3.6 Fur 기능을 활용하여 잔디 표현하기

01 SketchUp의 Selection Tool(↖)로 'Grass' 오브
젝트를 선택한다. 혹은 SketchUp의 [Outliner]Tray
에서 'Grass' 오브젝트를 클릭하여 선택한다.

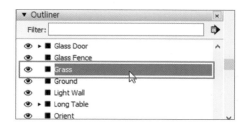

02 [V-Ray Objects] Toolbar()에서 'Add Fur to Selection(🐾)'을 클릭하여 'Ground' 오브젝트를 퍼(Fur)로 만든다.

03 [V-Ray Asset Editor]창에서 'Geometry(🔲)'를 클릭해 [Geometries]옵션창을 나타낸 후 왼쪽 창에서 'Fur_Grass'로 이름을 수정한다.

04 [V-Ray Asset Editor]의 오른쪽에 있는 [Parameters]탭에서 'Distribution' 옵션에서 'Per Area'를 선택한다.

05 Fur(여기서는 잔디)의 밀도를 조절하기 위해 Count(Area) 옵션의 수치값을 '10'으로 설정한다.

06 퍼(Fur)의 길이(잔디의 길이)를 설정하기 위해 'Length' 옵션의 수치값을 '2'으로 설정하고 퍼(Fur)의 굵기(잔디의 굵기)를 설정하기 위해 'Thickness'옵션의 수치값을 '0.08'로 설정한다.

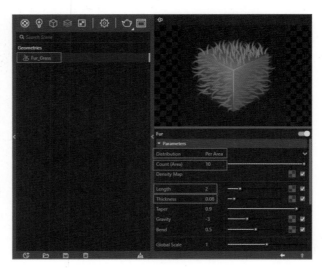

07 렌더링 시간을 단축시키기 위해서 [V-Ray frame buffer]창에서 'Region render(🖼)'를 클릭하고 'Café Alice' 오브젝트가 보이도록 드래그하여 렌더링하도록 한다.

08 자연스러운 잔디가 표현되는 것을 확인한다.

09 [V-Ray frame buffer]창에서 'Region render()'를 다시 클릭하여 'Region Render'를 비활성화 시

킨다.

4. Background에 직접 환경맵 적용하기

01 [V-Ray Asset Editor]창에서 'Settings(⚙)'를 클릭
해 [Settings]옵션창을 나타내고 환경을 설정하는
[Environment]탭을 확장한다.

02 'Background' 옵션의 'Texture Slot(▪)'을 클릭
한다.

03 나타나는 'Sky'옵션 탭에서 'Replace With New
Texture(▣)'를 클릭하고 나오는 팝업메뉴에서
'Bitmap'을 선택한다.

04 나오는 'Select a file'창에서 저장한 'night01.exr' 파일을 선택하고 [열기]버튼을 클릭한다.

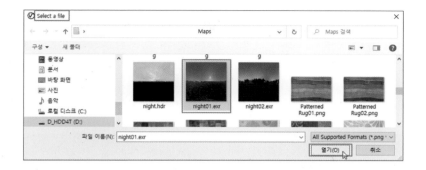

05 렌더링 시간을 단축시키기 위해서 [V-Ray frame buffer]창에서 'Region render(█)'를 클릭하고 하늘 부분만 드래그하여 렌더링 영역을 지정한다. 렌더링된 이미지를 보면 하늘이 매우 어두운 것을 알 수 있다.

06 하늘을 밝게 표현하기 위해 [V-Ray Asset Editor]창에서 'Settings(⚙)'를 클릭하고 [Environment]탭의 'Background'의 값을 '3'으로 입력하고 렌더링해 본다. 하늘이 밝아진 것을 확인한다.

07 구름의 위치를 수정하기 위해 다시 'Background' 옵션의 'Texture Slot(▦)'을 클릭한다.

08 [Bitmap] 옵션창이 나타난다.

09 [Texture Placement]옵션 앞에 있는 펼침버튼을 클릭하여 하위메뉴가 나타나게 한다.

10 'Rotate H'의 수치값을 '180'으로 입력한다.

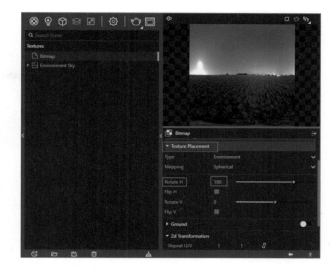

11 렌더링하여 확인한다. 떠 있던 달이 사라지고 별들이 나타났다.

12 [V-Ray frame buffer]창에서 'Region render( )'를 다시 클릭하여 'Region Render'를 비활성화 시킨다.

13 전체 이미지를 렌더링해 본다.

14 File > Save로 지금까지 작업한 내용을 저장한다.

5. 최종 렌더링을 위한 옵션 설정하기

01 Irradiance Map 연산 데이터 파일을 저장하기 위해 [V-Ray Asset Editor]창의 Settings(⚙)를 클릭
   하고 오른쪽 창에서 [Global Illumination]탭을 확장한다.

02 Switch To Advanced Settings(⮞)를 클릭하여 하위 메뉴들이 나타나도록 한다.

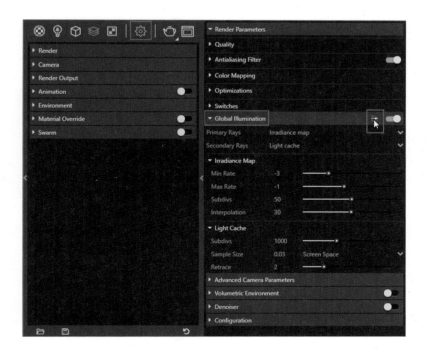

03 [Irradiance Map]탭의 [Disk Caching]옵션 탭을 확
장시키고 [Save]버튼을 누른다.

04 나타나는 'Select an Irradiance Map File'창에서 저장할 경로를 지정하고 파일 이름을 'Exterior_
Night'로 입력한 다음 [저장] 버튼을 누른다. 이 저장된 파일의 확장자는 'vrmap'이다.

05 저장한 Irradiance Map 연산 데이터 파일을 불러오
기 위하여 'Mode' 옵션의 내림버튼(▼)을 클릭해
'From File' 모드로 선택한다.

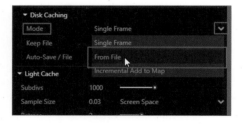

06 'Source File'에서 'Open File(🖿)' 아이콘을 클릭한다. 나오는 'Select a file'창에서 방금 저장한
'Exterior_Night.vrmap' 파일을 선택하고 [열기]를 클릭한다. 'Source File'에 'Exterior_Night.vrmap'
파일이 지정된 것을 확인한다.

07 이번에는 Light Cache 연산 데이터 파일을 저장하
기 위해 [Light Cache]탭의 [Disk Caching]옵션 탭
을 확장시키고 [Save]버튼을 누른다.

08 나타나는 'Select a Light Map File'창에서 저장할 경로를 지정하고 파일이름을 'Exterior_Night'로 입
력한 다음 [저장]버튼을 누른다. 이 저장된 파일의 확장자는 'vrlmap'이다.

09 저장한 Light Cache 연산 데이터 파일을 불러오기 위하여 'Mode'옵션의 내림버튼(⌄)을 클릭해 'From File'모드로 선택한다.

10 'Source File'에서 'Open File(📁)' 아이콘을 클릭한다. 나오는 'Select a file'창에서 방금 저장한 'Exterior_Night.vrlmap' 파일을 선택하고 [열기]를 클릭한다. 'Source File'에 'Exterior_Night. vrlmap' 파일이 지정된 것을 확인한다.

6. 최종 렌더링하기

01 최종렌더링을 하기 위해 [V-Ray Asset Editor]의
Settings(⚙)에서 [Render]탭에서 'Quality'를
'High'로 바꿔준다.

02 또, [Render Output]탭에서 'Image Width/Height'
값을 '1024'로 입력한다. 이 입력한 숫자에 따라 뒤쪽
숫자도 자동으로 입력된다(이는 화면의 'Aspect Ratio'
에 의해 정해진다).

03 렌더링한다. 기존의 연산과정이 생략된 채 바로 렌더링되는 것을 알 수 있다.

04 렌더링이 끝나면 이름을 'Exterior_Night'로 지정하여 TIF 파일형식으로 저장한다(JPEG는 권장하지 않
는다).

05 여기서는 배경 이미지를 합성하지 않고 그대로 사용할 것이므로 TIF로 저장하였다. 배경을 따로 합성할
경우에는 PNG 파일로 저장하는 것이 좋다.

7. PhotoShop에서 이미지 보정하기

01 PhotoShop(Ps) 실행한다.

02 File〉Open하여 작업한 파일 'Exterior_Night.tif'를 불러온다.

03 오른쪽에 있는 [Layer]탭에서 'Background' Layer
    를 더블클릭하고 나오는 'New Layer'창에서 [OK]를
    선택하여 일반 Layer로 만들어준다.

04 키보드로 '[Ctrl]+J'를 눌러 Layer를 복사한다.

05 복사된 Layer를 클릭하여 선택하고 상단의 메뉴바에
    서 Image〉Auto Color를 선택하여 전제적인 이미
    지의 색상을 보정한다.

06 Opacity를 '50'으로 설정한다.

07 키보드로 '[Ctrl]+E'를 눌러 두 Layer를 병합한다.

08 다시 키보드로 '[Ctrl]+J'를 눌러 Layer를 복사한다.

09 복사된 Layer를 클릭하여 선택하고 상단의 메뉴바에서 Image〉Adjustments〉Levels를 선택한다(단축키 '[Ctrl] + L'을 눌러도 된다).

10 나오는 [Level]창에서 가장 밝은 영역에 '200'을 입력하여 이미지를 조금 밝게 보정하고 [OK]를 클릭한다.

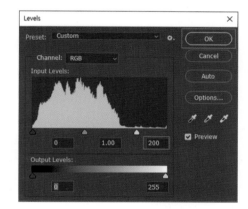

11 보정한 Layer의 Opacity를 50으로 설정한다. 보정하지 않은 아래 Layer와 50%씩 혼합이 된다.

12 키보드로 '[Ctrl]+E'를 눌러 두 Layer를 병합한다.

13 다시 키보드로 '[Ctrl]+J'를 눌러 Layer를 복사한다.

14 복사한 Layer가 선택되었는지 확인하고 Layer의 블렌딩 모드를 'Soft Light'를 선택한다. 'Soft Light' 블렌딩 모드는 색상이 어두운 부분은 더욱 어둡게 밝은 부분은 더욱 밝게 만들어준다. 이미지가 매우 선명해졌다.

15 'Soft Light' 블렌딩 모드가 적용된 Layer의 Opacity를 '30'으로 설정한다.

16 키보드로 '[Ctrl]+E'를 눌러 두 Layer를 병합한다.

17 다시 키보드로 '[Ctrl]+J'를 눌러 Layer를 복사한다.

18 복사한 Layer에 Filter 기능을 사용하여 보정을 한다. 상단의 메뉴바에서 Filter〉Filter Gallery를 선택한다.

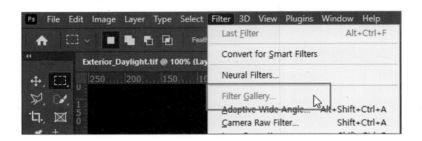

19 그러나 현재 사용하려는 Filter Gallery가 비활성화되어 있다.

20 다시 상단의 메뉴바에서 Image〉Mode에서 현재 '16Bits/Channel'인 것을 '8Bits/Channel'로 바꿔준다.

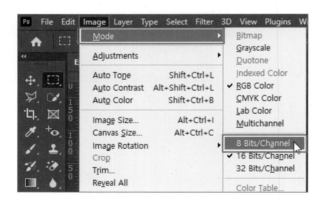

21 다시 상단의 메뉴바에서 Filter〉Filter Gallery를 선택한다. 이제 Filter Gallery가 활성화되는 것을 알수 있다.

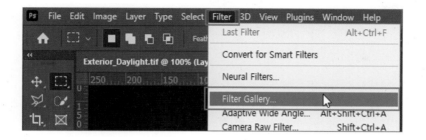

22 Distort〉Diffuse Glow를 선택한다. Graininess → 0, Glow Amount → 3, Clear Amount → 10으로 입력한 후 [OK]한다.

23 'Diffuse Glow'가 적용된 Layer의 Opacity 값을 '30'으로 설정한다.

24 키보드로 '[Ctrl]+E'를 눌러 두 Layer를 병합한다.

25 File〉Save as 명령으로 다른 이름으로 저장한다. 본 실습에서는 'Exterior_Night_Edited.png'로 저장하였다. 두 이미지를 비교하여 본다.

[V-Ray로 렌더링 된 원본 이미지]

[PhotoShop으로 보정된 이미지]

제 7 강

V-Ray를 활용한 실내공간 주간장면 연출하기

강의 목표

본 강의에서는 V-Ray를 활용하여 건물의 내부 주간장면을 연출하는 방법에 대해서 알아본다. 실내의 주간장면은 실외의 주간장면과 같이 태양빛의 설정이 가장 중요하다. 태양빛이 실내로 잘 비치도록 설정하고 장면에 현실감 나는 재질을 입혀본다. 또한 빛이 들어오지 않는 실내의 주간장면의 연출에 대해서도 알아본다.

1. 장면 설정하기

1.1 장면 확인하기

01 'Vray Practice' 폴더 아래에 있는 '01 Files' 폴더에 '06 Interior_Daylight.skp' 파일을 저장한다.

02 SketchUp(🏠)을 더블클릭하여 실행하고 '06 Interior_Daylight.skp' 파일을 찾아 오픈한다.

03 File〉Save as로 '06 Interior_Daylight_Test.skp'
로 저장한다(이는 원본은 유지하고 실습하기 위해서 다른
이름으로 저장하는 것이다).

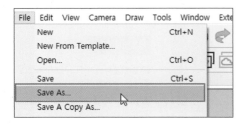

04 이 파일에는 'Interior_Daylight01', 'Interior_
Daylight02'의 두 장면으로 되어 있다. 각각의 장면
탭을 눌러 확인한다.

['Interior_Daylight01' 장면의 모습]

['Interior_Daylight02' 장면의 모습]

05 장면을 살펴보면 'Interior_Daylight01'은 넓은 유리창을 통해 빛이 들어와 밝지만 'Interior_Daylight02'는 유리창 대신 벽이 있어 실내로 빛이 유입이 되지 않아 어두운 장면이다.

06 [V-Ray for SketchUp] Toolbar에 있는 'Render(📷)'를 눌러 렌더링해 보고 장면을 확인한다.

['Interior_Daylight01' 장면이 렌더링된 이미지]

['Interior_Daylight02' 장면이 렌더링된 이미지]

07 'Interior_Daylight01' 장면의 경우 태양의 위치 설정이 매우 중요하며 'Interior_Daylight02' 장면의 경우 비록 낮이지만 공간에 빛이 들어오지 않는 상태이므로 전체적인 조도를 위해 인공조명을 설치해야 한다.

1.2 V-Ray Option 불러오기

01 우리가 설정한 'vropt' 파일을 불러와서 렌더링 환경을 세팅한다.

02 [V-Ray for SketchUp] Toolbar에 있는 '[Asset Editor](◎)'를 클릭한다.

03 나타나는 [V-Ray Asset Editor]창에서 'Settings(⚙)' 옵션창의 하단에 있는 'Load Render Setting From File(📁)'을 클릭한다.

04 클릭하여 나오는 [Load Render Settings'창에서 2장에서 저장한 'daylight.vropt' 파일을 찾아서 선택한 후 [열기]버튼을 클릭한다.

05 'Render(☕)'를 눌러 렌더링해 본다.

06 렌더링 속도도 빨라지고 이미지도 선명해진 것을 확인한다.

1.3 시간 설정하기

01 'Interior_Daylight01'장면 탭을 클릭한다.

02 현재 이미지는 낮으로 표현되고 있으나 렌더링된 이미지를 보면 좀더 밝게 시간을 바꿀 필요가 있다.
    V-Ray의 시간은 SketchUp의 [Shadow] Tray에서 바꾸어 줄 수 있다.

03 SketchUp의 [Shadow] Tray를 보면 'Time(시
    간)'이 오후 1시 30분으로, 'Date(날짜)'가 11월 8일
    로 되어 있다. 좀더 밝은 낮으로 지정하기 위해서
    'Time'은 오후 12시 30분으로, 'Date'은 10월 8일로
    바꿔준다.

04 렌더링해 보고 장면을 확인한다(📷). 그림자의 위치도 바뀌고 장면이 밝아졌다.

05 좀더 장면을 밝게 하기 위해 [V-Ray Asset Editor]창의 [Lights](💡)탭을 클릭한다.

06 'Lights' 항목에 'SunLight'를 클릭하고 수치를 '2'로
   설정한다.

07 렌더링해서 확인한다(). 장면이 훨씬 밝아지고 선명해진 것을 알 수 있다.

['SunLight'의 설정값이 '2'로 렌더링된 이미지]

08 마우스를 'Interior_Daylight01' 장면 탭 위에 올리
   고 마우스 오른쪽을 클릭하여 'Update'한다. 반드시
   'Update'를 해 주어야 변경한 장면의 설정값들이 저
   장된다.

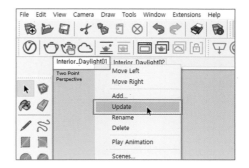

2. 재질 설정하기

2.1 바닥에 반사재질 입히기

01 [V-Ray Asset Editor]의 'Materials(⊗)' 옵션창에서 'Podium' 재질을 선택한 후 오른쪽 메뉴 펼침 아이콘(▶)을 클릭하여 미리보기창이 나오도록 확장시킨다.

02 반사재질을 주기 위해 오른쪽에 있는 V-Ray 통합 레이어인 [VRayBRDF] 레이어 탭에서 반사를 설정하는 [Reflection]옵션 탭을 클릭해 확장한다.

03 반사값을 설정하는 'Reflection Color' 옵션의 슬라이드 바를 가장 오른쪽으로 이동하고 재질감 미리보기창에서 재질감을 확인한다. 재질이 반짝이며 반사가 일어나는 것을 확인한다.

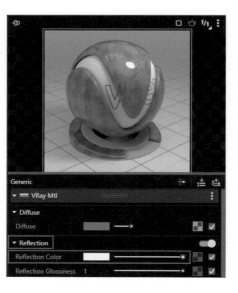

04 렌더링해서 확인한다(📷). 바닥에 반사재질이 잘 입혀졌으나 광택이 너무 심하다.

05 반사값을 낮추어 자연스러운 반사를 표현하
　 기 위하여 [Reflection]옵션 탭에서 'Reflection
　 Glossiness'값을 '0.8'로 바꿔준다.

06 렌더링(📷)해서 확인하면 바닥이 자연스러운 반사재질로 바뀐 것을 확인할 수 있다.

2.2 유리창에 반사재질 입히기

01 이번에는 창문 유리에 반사재질을 주기 위해 탭에서 [V-Ray Asset Editor]의 'Materials( )' 옵션창에서 'Window Glass' 재질을 선택한다.

02 오른쪽에 있는 V-Ray 통합 레이어인 [VRayBRDF] 레이어에서 반사를 설정하는 [Reflection]옵션 탭을 클릭해 확장한다.

03 반사값을 설정하는 'Reflection Color' 옵션의 슬라이드 바를 가장 오른쪽으로 이동하고 재질감 미리보기창에서 재질감을 확인한다. 재질이 반짝이며 반사가 일어나는 것을 확인한다.

04 렌더링해서 확인한다( ). 유리창에 비침이 너무 선명하므로 약간 흐릿하게 표현할 필요가 있다.

05 반사값을 낮추어 자연스러운 반사를 표현하 기 위하여 [Reflection]옵션 탭에서 'Reflection Glossiness'값을 '0.9'로 바꿔준다.

06 렌더링해서 확인한다(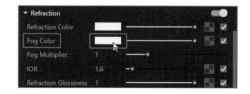). 유리창에 가구가 자연스럽게 비치고 있는 것을 볼 수 있다.

2.3 유리창에 색상 넣어 주기

01 유리창 색이 너무 투명하므로 약간의 색을 넣을 필요 가 있다. [Refraction]옵션 탭에서 'Fog Color' 색상 박스를 클릭한다.

02 'Color Picker' 창이 나타나면 'R(빨강)'의 수
치값만 '130'으로 수정한 후 'Color Picker'
창 오른쪽 상단의 'Close(☒)'를 클릭하여
'Color Picker' 창을 닫는다.

03 재질 미리보기창의 유리 재질이 색이 입혀졌다.

04 유리의 색상을 연하게 표현하기 위해 'Fog Color'의
세기를 조절하는 'Fog Multiplier' 옵션의 수치값을
'0.1'로 설정한다.

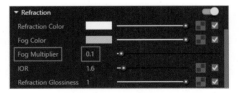

05 렌더링해서 확인한다(🖳). 유리창에 연한 녹색이 입혀졌다. 바닥에 비치는 유리 그림자가 녹색으로 나
타난다.

2.4 벽체에 Bump(범프) 재질 입히기

01 [V-Ray Asset Editor]의 'Materials(⊗)' 옵션창에
서 'Brick Wall' 재질을 선택한다.

02 [V-Ray Asset Editor]창의 오른쪽에 있는
[VRayBRDF] 통합 레이어 탭의 'Add Attribute' 아
이콘(≛)을 클릭해 하위옵션을 나타나게 한 후
'Bump'를 선택하여 클릭한다.

03 [VRayBRDF] 통합 레이어에 [Bump] 옵션 탭이 생성된 것을 확인하고 'Mode/Map' 옵션의 오른쪽에

있는 'Texture Slot(■)'을 클릭한다.

04 'Bitmap'을 선택한다.

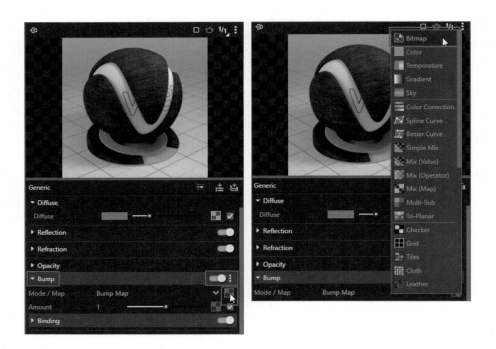

05 나오는 'Select a file'창에서 저장한 'Special Brick01_B.jpg' 파일을 선택하고 [열기]버튼을 클릭한다.

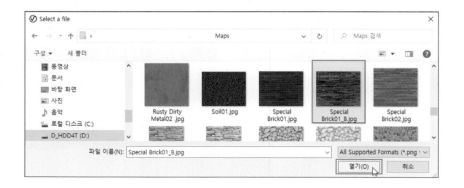

06 [Bitmap]옵션창의 하단에서 'Up the Assets Hierarchy(↑)' 버튼을 클릭한다.

07 Render(📷)를 눌러 렌더링되는 결과를 확인한다. 벽의 재질이 볼륨있게 표현이 된 것을 알 수 있다. 모니터로 볼 때보다 이미지로 출력을 할 경우 Bump(범프) 재질이 더욱 잘 표현된다.

08 File〉Save하여 지금까지 한 내용을 저장한다.

2.5 물 재질 입히기

01 [V-Ray Asset Editor]의 'Materials(⊗)'옵션창에서 'Pond Water' 재질을 선택한다. 'Pond Water' 재질은 현재 굴절값은 설정된 상태이다.

02 [Reflection]옵션 탭을 클릭해 확장하고 'Reflection Color' 옵션의 슬라이드 바를 오른쪽으로 이동한다. 물, 유리와 같은 재질은 반사와 굴절이 함께 적용되어야 사실감나는 재질로 표현할 수 있다.

03 렌더링해서 확인한다. 유리창 너머로 보이는 물에 반사재질이 입혀졌다.

04 이제 물결을 만들어 사실적인 물을 표현할 것이다. [V-Ray Asset Editor]창에서 오른쪽의 [VRayBRDF] 통합 레이어 탭의 'Add Attribute' 아이콘(⊞)을 클릭해 하위옵션을 나타나게 한 후 'Displacement'를 선택하여 클릭한다.

05 [VRayBRDF] 통합 레이어에 [Displacement]옵션
    탭이 생성된 것을 확인한 후 활성화 시킨다.

06 [Displacement] 옵션 탭의 왼쪽에 있는 펼침버튼
    (▶)을 눌러 하위메뉴가 나타나도록 한다.

07 'Mode/Map' 옵션의 오른쪽에 있는 'Texture
    Slot(■)'을 클릭한다.

08 나타나는 메뉴에서 'Noise A' 타입을 선택한다

09 렌더링 시간을 단축시키기 위해서 [V-Ray frame
    buffer]창에서 'Region render(●)'를 클릭하고 물
    부분만 드래그하여 렌더링하도록 한다. 렌더링된 이
    미지를 보면 아주 작은 패턴들로 표현된 것을 알 수
    있다.

10 [Texture Placement] 옵션 탭을 클릭하여 하위 메
뉴가 나타나도록 한 후 'Repeat U/V'의 'U'와 'V'의 수
치값을 각각 '0.02'로 수정하고 렌더링하여 확인한다.
물결의 모양이 나타난다.

11 [Noise A]옵션창의 하단에서 'Up the Assets
Hierarchy(⬆)' 버튼을 클릭한다.

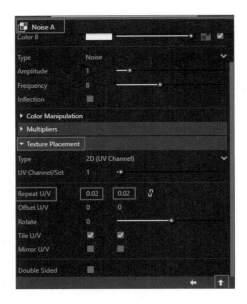

2.6 물에 색상 입히기

01 물에 색을 입히기 위하여 [Refraction]옵션 탭에서 'Fog Color' 색상박스를 클릭한다.

02 'Color Picker' 창이 나타나면 'R: 190, G: 228 B:2 55'을 입력하고 오른쪽 상단의 'Close(☒)'를 클릭
하여 'Color Picker' 창을 닫는다.

03 렌더링하여 확인한다. 물에 색은 입혀졌으나 색이 너무 진한 것을 볼 수 있다.

04 물의 색상을 연하게 표현하기 위해 'Fog Color'의
세기를 조절하는 'Fog Multiplier'옵션의 수치값을
'0.02'로 설정하고 렌더링한다. 물의 색상이 연해진 것
을 확인한다.

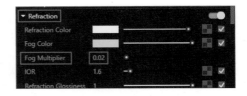

05 [V-Ray frame buffer]창에서 'Region render(👁)'를 다시 클릭하여 'Region Render'를 비활성화 시
킨다.

2.7 Deck에 반사재질 적용하기

01 바깥에 있는 'Deck' 오브젝트에 재질을 입히기 위하여 [V-Ray Asset Editor]의 'Materials(⬡)' 옵션
창에서 'Wood_Deck01' 재질을 선택한다.

02 [Reflection]옵션 탭을 클릭
   해 확장한다.

03 마찬가지로 반사값을 설정하
   는 'Reflection Color' 옵션의
   슬라이드 바를 가장 오른쪽으
   로 이동하고, 재질감 미리보기
   창에서 재질감을 확인한다. 재
   질이 반짝이며 반사가 일어나
   는 것을 확인한다.

04 렌더링 시간을 단축시키기 위
   해서 [V-Ray frame buffer]

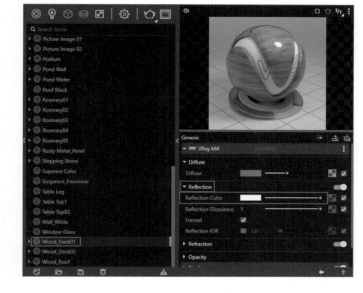

창에서 'Region render(⬛)'를 클릭하고 바깥쪽 'Deck' 부분만 드래그하여 렌더링하도록 한다.

05 렌더링해 보면 'Deck'에 뚜렷한 반사효과가 나타난 것을 알 수 있다.

06 나무재질의 반짝임이 너무 심하므로 반사값을 낮추어 흐릿한 반사재질로 바꿔 줄 필요가 있다. 'Wood_Deck01' 재질의 'Reflection Glossiness'옵션의 수치값에 '0.8'을 입력한다.

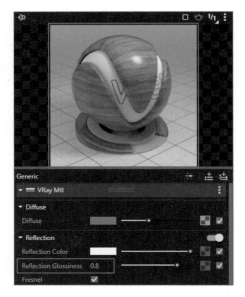

07 렌더링하여 확인한다. 흐릿한 반사가 일어난다.

2.8 Deck에 Bump(범프) 재질 적용하기

01 [V-Ray Asset Editor]창에서 'Wood_Deck01' 재질
을 선택되어 있는지 확인하고 오른쪽의
[VRayBRDF] 통합 레이어 탭의 'Add Attribute'아
이콘(🔳)을 클릭해 하위옵션을 나타나게 한 후
'Bump'를 선택하여 클릭한다.

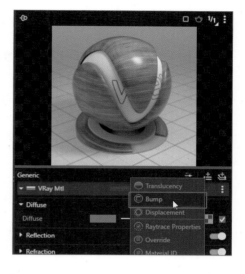

02 [VRayBRDF] 통합 레이어에 [Bump] 옵션 탭이 생
성된 것을 확인하고 'Mode/Map' 옵션의 오른쪽에
있는 'Texture Slot(🔳)'을 클릭한다.

03 'Bitmap'을 선택한다.

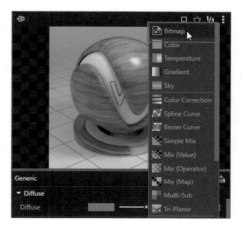

04 나오는 'Select a file'창에서 저장한 'wood_Hor_B.jpg' 파일을 선택하고 [열기]버튼을 클릭한다.

05 [Bitmap]옵션창의 하단에서 'Up the Assets Hierarchy(🔼)' 버튼을 클릭한다.

06 렌더링하여 확인한다. 나무로 된 'Deck' 부분에 범프(bump) 재질이 표현되었다.

07 [V-Ray frame buffer]창에서 'Region render(◉)'를 다시 클릭하여 'Region Render'를 비활성화 시
   킨다.

2.9 창문 프레임에 반사재질 주기

01 [V-Ray Asset Editor]의 'Materials(◉)' 옵션창에서 'Frame Color' 재질을 선택한다.

02 [Reflection]옵션 탭을 클릭해 확장한다.

03 'Reflection Color'옵션의 슬
라이드 바를 오른쪽으로 이동
한다. 반사값을 낮추기 위해
'Reflection Glossiness' 값
을 '0.9'로 입력한다

04 렌더링해서 확인한다. 유리창 프레임에 약한 반사가 일어나는 것을 알 수 있다.

2.10 의자에 반사재질 주기

01 [V-Ray Asset Editor]의
   'Materials(⬡)' 옵션창에서
   'Chair_Mint'재질을 선택한다.

02 [Reflection]옵션 탭을 클릭
   해 확장한다.

03 'Reflection Color' 옵션의 슬
   라이드 바를 오른쪽으로 이동
   한다.

04 재질감 미리보기창에서 재질
   이 반짝이며 반사가 일어나는
   것을 확인한다.

05 'Render(⬡)' 버튼을 클릭하여 의자의 좌판이 반짝이는 플라스틱 재질로 바뀐 것을 확인한다.

2.11 테이블에 반사재질 주기

01 [V-Ray Asset Editor]의
'Materials( )' 옵션창에서
테이블 상판의 재질인 'Table
Top01' 재질을 선택한다.

02 [Reflection]옵션 탭을 클릭
해 확장한다.

03 'Reflection Color' 옵션의 슬
라이드 바를 오른쪽으로 이동
한다.

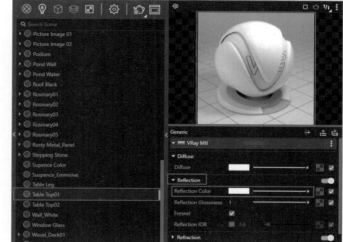

04 재질감 미리보기창에서 재질

이 반짝이며 반사가 일어나는 것을 확인한다.

05 'Render( )' 버튼을 클릭하여 확인한다. 테이블 위가 반짝이며 반사가 일어나는 것을 확인한다.

06 같은 방법으로 'Table Top02', 'Table Leg' 재질도 선택하여 반사재질을 입힌다.

07 'Render(🔄)'하여 확인한다.

2.12 펜던트등에 재질 입히기

01 [V-Ray Asset Editor]의 'Materials(🔳)' 옵션창에
    서 'Suspence Color' 재질을 선택한다.

02 펜던트등의 회색 색상을 좀더 밝게 하기 위하여
    [Diffuse]옵션 탭에서 'Color Box(색상상자)'를 클릭
    한다.

03 'Color Picker'창이 나타나면 'R: 180, G: 180 B: 180'을 입력하고 오른쪽 상단의 'Close(☒)'를 클릭하여 'Color Picker' 창을 닫는다.

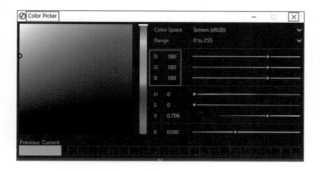

04 회색이 밝아진 것을 확인한다.

05 이번에는 반사재질을 주기 위해 [Reflection]옵션 탭을 클릭해 확장한다.

06 'Reflection Color' 옵션의 슬라이드 바를 오른쪽으로 이동한다.

07 재질감 미리보기창에서 재질이 반짝이며 반사가 일어나는 것을 확인한다.

08 흐릿한 반사를 위해서 'Reflection Glossiness' 값을 '0.75'로 입력한다

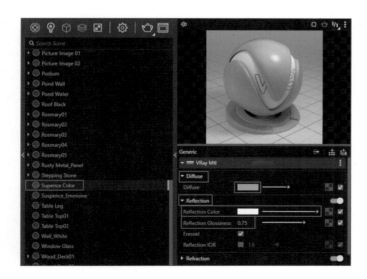

09 'Render()'하여 확인한다. 펜던트등의 등갓이 회색빛의 은은한 광택이 나는 것을 볼 수 있다.

2.13 Fur 기능을 활용하여 잔디 표현하기

01 SketchUp의 Selection Tool( )로 'Grass' 오브
젝트를 선택한다. 혹은 SketchUp의 [Outliner]Tray
에서 'Grass' 오브젝트를 클릭하여 선택한다.

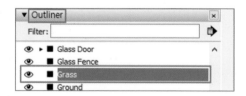

02 [V-Ray Objects] Toolbar( )에서 'Add Fur to Selection( )'을 클릭하여 'Ground' 오
브젝트를 퍼(Fur)로 만든다.

03 V-Ray Asset Editor]창에서 'Geometry( )'를 클
릭해 [Geometries]옵션창을 나타낸 후 왼쪽 창에서
'Fur_Grass'로 이름을 수정한다.

04 [V-Ray Asset Editor]의 오른쪽에 있는 [Parameters]탭에서 'Distribution' 옵션에서 'Per Area'를 선택한다.

05 Fur(여기서는 잔디)의 밀도를 조절하기 위해 Count(Area) 옵션의 수치값을 '10'으로 설정한다.

06 퍼(Fur)의 길이(잔디의 길이)를 설정하기 위해 'Length' 옵션의 수치값을 '2'으로 설정한다. 퍼(Fur)의 굵기 (잔디의 굵기)는 그대로 둔다(기본설정값: 0.12).

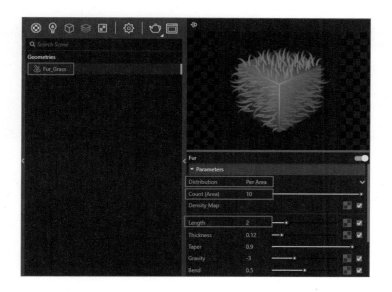

07 렌더링 시간을 단축시키기 위해서 [V-Ray frame buffer]창에서 'Region render( )'를 클릭하고 창 문 밖의 잔디부분으로 드래그하여 렌더링하도록 한다.

08 자연스러운 잔디가 표현되는 것을 확인한다.

09 [V-Ray frame buffer]창에서 'Region render( )'를 다시 클릭하여 'Region Render'를 비활성화 시 킨다.

10 전체 장면을 렌더링해본다.

11 File〉Save하여 지금까지 작업한 내용을 저장한다.

3. 빛이 들어오지 않는 실내공간 연출하기

3.1 장면 확인하기

01 'Interior_Daylight02' 장면 탭을 클릭한다. 이 장면은 창문 부분을 벽으로 처리한 공간이다. 렌더링하여
   장면을 확인한다.

02 SketchUp의 [Shadow] Tray를 보면 'Time(시간)'이
오전 11시 30분으로, 'Date(날짜)'가 8월 8일로 되어
있다.

03 실제로 이와 같이 낮 시간이어도 공간 안으로 빛이 유입되지 않아 어두운 공간들이 있기 때문에 이런 경
우에는 낮장면인데도 불구하고 인공조명을 사용하여 공간에 빛을 주어야 한다.

04 먼저 [V-Ray Asset Editor]창에서 'Geometry(🗗)'가 선택되어 있는지 확인하고 선택되어 있지 않으
면 'Geometry(🗗)' 클릭해 선택한다.

05 이 장면에서는 잔디가 보이지 않기 때문에 비활성화 시킬 것이다. [Geometries]옵션창을 나타낸 후 왼
쪽 창에서 'Fur_Grass' 앞에 있는 'Fur(🌿)'를 클릭하여 비활성화 시킨다.

3.2 인공조명으로 보조조명 효과주기

01 SketchUp의 [Tags] Tray를 선택한다.
02 '16. Lighting' Tag가 현재 숨겨져 있는 상태이다(◯).
클릭하여 나타나도록 한다.

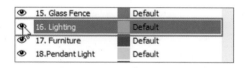

03 장면에 미리 설치되어 있던 조명이 나타난다. IES Light를 확인하여 보조조명으로 사용하였다. 렌더링
해서 장면을 확인한다.

04 'Interior_Daylight02' 장면 탭 위에 마우스 커서를 올리고 오른쪽을 클릭하여 장면을 업데이트한다.

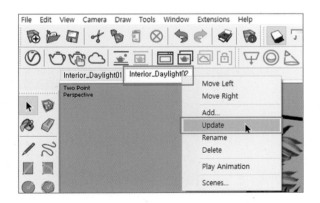

05 현재 공간에 보조조명만 설치가 되어 있어 공간이 조금 어둡다. 테이블 위에 있는 펜던트등에 'Sphere Light'를 설치하여 공간을 밝게 만들 것이다. SketchUp의 [Large Tool Set] Toolbar에서 'Zoom

Tool(🔍)'을 이용하거나 마우스 휠, 'Pan Tool(✋)'을 사용하여 아래 그림처럼 펜던트등 아래에 그려 놓은 보조선이 잘 보이도록 배치한다.

06 'V-Ray Lights(◻◎△↑✳◐◎)' Toolbar에서 'Sphere Light(◎)'를 선택한다.

07 보조선의 끝을 클릭한다.

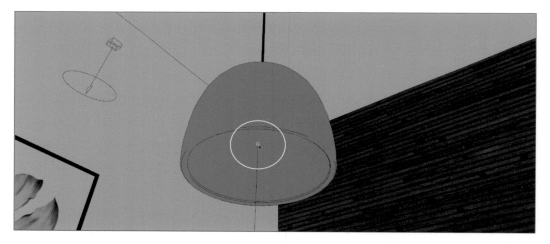

08 오른쪽 하단의 VCB(Value Control Box)의 Radius 란에 '50'을 입력하고 [Enter]Key를 누른다.

09 'Interior_Daylight02'장면 탭을 클릭하여 원래 위치로 돌아온다.

10 [V-Ray Asset Editor]의 'Lights(💡)'옵션창에서 'Sphere Light'를 선택한다.

11 더블클릭하여 이름을 'Sphere Light_Pendant'로 바꿔준다.

12 'Intensity'는 '10000'으로 입력한다.

13 [Options]탭을 클릭 하여 하위메뉴를 펼치 고 'Invisible'은 체크하 고 'Affect Specular'와 'Affect Reflections'는 체 크 해제한다.

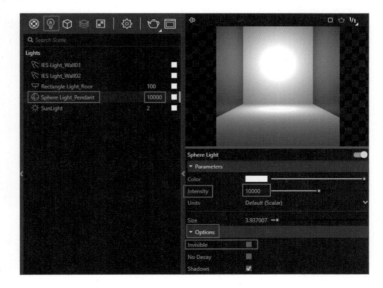

14 'Sphere Light'가 선택되 어 있는 지 확인하고 선택 되 어 있지 않다면 SketchUp의 Selection Tool(▶)로 Sphere Light'를 선택한다.

15 [Entity Info] Tray에서 Tag를 '16. Lighting'으로 바
꿔준다.

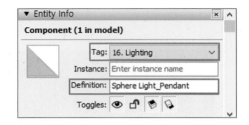

16 렌더링하여 확인한다. 장면이 밝아지고 바닥에 의자 그림자가 맺힌 것을 확인한다.

이 장면의 경우 'Sphere Light'를 활용하여 조명을 주었으나 'Rectangle Light(⊡)'도 많이 사용한다.

3.3 벽체에 재질 주기

01 [V-Ray Asset Editor]의 'Materials(◉)' 옵션창을 클릭한다.

02 왼쪽 흰색 벽의 재질인 'Wall_White' 재질을 선택한다.

03 [Reflection]옵션 탭을 클릭해 확장한다.

04 'Reflection Color' 옵션의 슬라이드 바를 오른쪽으로 이동한다.

05 재질감 미리보기창에서 재질이 반짝이며 반사가 일어나는 것을 확인한다.

06 흐릿한 반사를 위해서 'Reflection Glossiness' 값을 '0.9'로 입력한다

07 'Render(🔘)' 버튼을 클릭하여 확인한다. 흰색 벽체에 의자가 흐릿하게 반사가 되고 있는 것을 확인한다.

3.4 액자에 반사재질 주기

01 [V-Ray Asset Editor]의 'Materials(⊗)'옵션창에서 'Picture Images 01'을 선택한다.

02 [Reflection]옵션 탭을 클릭해 확장한다.

03 'Reflection Color'옵션의 슬라이드 바를 오른쪽으로 이동한다.

04 재질감 미리보기창에서 재질이 반짝이며 반사가 일어나는 것을 확인한다.

05 흐릿한 반사를 위해서 'Reflection Glossiness' 값을 '0.9'로 입력한다

06 같은 방법으로 "Picture Images 02' 재질에도 반사재질을 준다.

07 렌더링하여 장면을 확인한다.

08 File〉Save하여 지금까지 작업한 내용을 저장한다.

4. 최종 렌더링을 위한 옵션 설정하기

01 'Interior_Daylight01'장면 탭을 클릭한다.

02 렌더링한다.

03 Irradiance Map 연산 데이터 파일을 저장하기 위해 [V-Ray Asset Editor]창의 Settings(⚙)를 클릭
    하고 오른쪽 창에서 [Global Illumination]탭을 확장한다.

04 'Switch To Advanced Settings(▣)'를 클릭하여 하위 메뉴들이 나타나도록 한다.

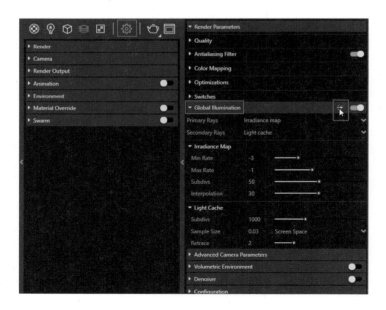

05 [Irradiance Map]탭의 [Disk Caching]옵션 탭을 확
    장시키고 [Save]버튼을 누른다.

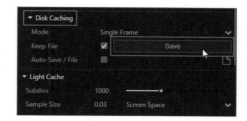

06 나타나는 'Select an Irradiance Map File'창에서 저장할 경로를 지정하고 파일 이름을 'Interior_
    Daylight'로 입력한 다음 [저장]버튼을 누른다. 이 저장된 파일의 확장자는 'vrmap'이다.

07 저장한 Irradiance Map 연산 데이터 파일을 불러오
    기 위하여 'Mode' 옵션의 내림버튼(▼)을 클릭해
    'From File' 모드로 선택한다.

08 'Source File'에서 'Open File(📁)' 아이콘을 클릭한다. 나오는 'Select a file'창에서 방금 저장한 'Interior_Daylight.vrmap' 파일을 선택하고 [열기]를 클릭한다. 'Source File'에 'Interior_Daylight. vrmap' 파일이 지정된 것을 확인한다.

09 이번에는 Light Cache 연산 데이터 파일을 저장하기 위해 [Light Cache]탭의 [Disk Caching]옵션 탭을 확장시키고 [Save]버튼을 누른다.

10 나타나는 'Select a Light Map File'창에서 저장할 경로를 지정하고 파일이름을 'Interior_Daylight'로 입력한 다음 [저장]버튼을 누른다. 이 저장된 파일의 확장자는 'vrlmap'이다.

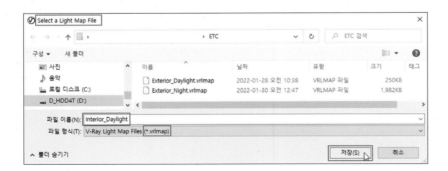

11 저장한 Light Cache 연산 데이터 파일을 불러오기 위하여 'Mode' 옵션의 내림버튼(∨)을 클릭해 'From File' 모드로 선택한다.

12 'Source File'에서 'Open File(📁)' 아이콘을 클릭한다. 나오는 'Select a file'창에서 방금 저장한 'Interior_Daylight.vrlmap' 파일을 선택하고 [열기]를 클릭한다. 'Source File'에 'Interior_Daylight. vrlmap' 파일이 지정된 것을 확인한다.

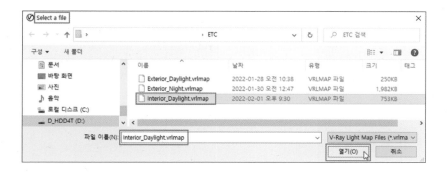

5. 최종 렌더링하기

01 최종 렌더링을 하기 위해 [V-Ray Asset Editor]의
Settings(⚙)에서 [Render]탭에서 'Quality'를
'High'로 바꿔준다.

02 또 [Render Output]탭에서 'Image Width/Height'
값을 '1024'로 입력한다. 이 입력한 숫자에 따라 뒤쪽
숫자도 자동으로 입력된다(이는 화면의 'Aspect Ratio'
에 의해 정해진다).

03 렌더링한다. 기존의 연산과정이 생략된 채 바로 렌더링되는 것을 알 수 있다.

04 렌더링이 끝나면 이름을 'Interior_Daylight'로 지정하여 TIF 파일형식으로 저장한다.

6. PhotoShop에서 이미지 보정하기

01 PhotoShop(Ps)을 실행한다.

02 File>Open하여 작업한 파일 'Interior_Daylight.tif'를 불러온다.

03 오른쪽에 있는 [Layer]탭에서 'Background' Layer
   를 더블클릭하고 나오는 'New Layer'창에서 [OK]를
   선택하여 일반 Layer로 만들어준다.

04 키보드로 '[Ctrl]+J'를 눌러 Layer를 복사한다.

05 복사된 Layer를 클릭하여 선택하고 상단의 메뉴바에
   서 Image>AutoColor를 선택하여 전제적인 이미지
   색상을 보정한다.

06 Opacity를 '50'으로 설정한다.

07 키보드로 '[Ctrl]+E'를 눌러 두 Layer를 병합한다.

08 다시 키보드로 '[Ctrl]+J'를 눌러 Layer를 복사한다.

09 복사된 Layer를 클릭하여 선택하고 상단의 메뉴바에서 Image〉Adjustments〉Levels를 선택한다(단 축키 '[Ctrl] + L'을 눌러도 된다).

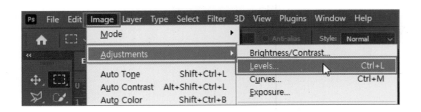

10 나오는 [Level]창에서 가장 밝은 영역에 '238'을, 가 장 어두운 영역에 '9'를 입력하여 이미지를 보정하고 [OK]를 클릭한다.

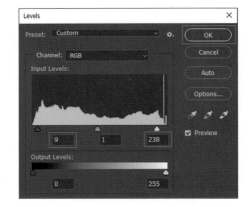

11 보정한 Layer의 Opacity를 50으로 설정한다. 보정하지 않은 아래 Layer와 50%씩 혼합이 된다.

12 다시 키보드로 '[Ctrl]+E'를 눌러 두 Layer를 병합한다.

13 다시 키보드로 '[Ctrl]+J'를 눌러 Layer를 복사한다.

14 복사한 Layer가 선택되었는지 확인하고 Layer의 블렌딩 모드를 'Soft Light'를 선택한다. 'Soft Light' 블렌딩 모드는 색상이 어두운 부분은 더욱 어둡게 밝은 부분은 더욱 밝게 만들어준다. 이미지가 매우 선 명해졌다.

15 'Soft Light' 블렌딩 모드가 적용된 Layer의 Opacity를 '30'으로 설정한다.

16 키보드로 '[Ctrl]+E'를 눌러 두 Layer를 병합한다.

17 다시 키보드로 '[Ctrl]+J'를 눌러 Layer를 복사한다.

18 복사한 Layer에 Filter 기능을 사용하여 보정을 한다. 상단의 메뉴바에서 Filter〉Filter Gallery를 선택한다.

19 그러나 현재 사용하려는 Filter Gallery 가 비활성화되어 있다.

20 다시 상단의 메뉴바에서 Image〉Mode에서 현재 '16Bits/Channel'인 것을 '8Bits/Channel'로 바꿔준다.

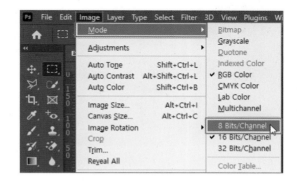

21 다시 상단의 메뉴바에서 Filter〉Filter Gallery를 선택한다. 이제 Filter Gallery가 활성화되는 것을 알 수 있다.

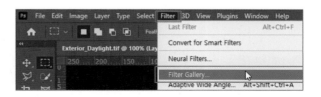

22 Distort〉Diffuse Glow를 선택한다. Graininess → 0, Glow Amount → 3, Clear Amount → 10으로 입력한 후 [OK]한다.

23 'Diffuse Glow'가 적용된 Layer의 Opacity 값을 '60'으로 설정한다.

24 키보드로 '[Ctrl]+E'를 눌러 두 Layer를 병합한다.

25 File > Save as 명령으로 다른 이름으로 저장한다. 본 실습에서는 'Exterior_Night_Edited.png'로 저장하였다. 두 이미지를 비교하여 본다.

[V-Ray로 렌더링 된 원본 이미지]

[PhotoShop으로 보정된 이미지]

V-Ray를 활용한 실내공간 야간장면 연출하기

강의 목표

본 강의에서는 V-Ray를 활용하여 실내공간 야간장면을 연출하는 방법에 대해서 알아본다. 실외공간 야간장면의 연출과 마찬가지로 실내공간의 야간 장면은 인공조명의 배치와 Emissive 재질로 주로 연출된다. 실외의 경우는 일몰 직전의 시간으로 환경을 표현하였으나 실내의 경우는 태양광 및 배경 이미지를 모두 비활성화 시킨 후 작업하는 것이 훨씬 효과적으로 빛을 표현해 낼 수 있다.

작업과정은 먼저 태양광과 배경을 비활성화 시킨 후 인공조명을 설치하고 재질을 입혀서 이미지를 완성하는 방식으로 진행된다.

1. 장면 설정하기

1.1 장면 불러오기

01   'Vray Practice' 폴더 아래에 있는 '01 Files' 폴더에 '07 Interior_Night.skp' 파일을 저장한다.

02   SketchUp(🅢)을 더블클릭하여 실행하고 '07 Interior_Night.skp' 파일을 찾아 오픈한다.

03   File〉Save as로 '07 Interior_Night_Test.skp'로 저장한다(이는 원본은 유지하고 실습하기 위해서 다른 이

   름으로 저장하는 것이다).

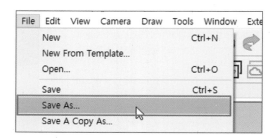

04   [V-Ray for SketchUp] Toolbar에 있는 'Render(🅞)'를 눌러 렌더링해 보고 장면을 확인한다.

05   V-Ray 기본 설정값으로 렌더링이 되며 결과 이미지는 낮으로 표현되고 있다.

1.2 V-Ray Option 불러오기

01 우리가 설정한 'vropt' 파일을 불러와서 렌더링 환경을 세팅한다.

02 [V-Ray for SketchUp] Toolbar에 있는 '[Asset Editor](⊘)'를 클릭한다.

03 나타나는 [V-Ray Asset Editor]창에서 'Settings(⚙)'옵션창의 하단에 있는 'Load Render Setting From File(🖻)'을 클릭한다.

04 클릭하여 나오는 [Load Render Settings]창에서 2장에서 저장한 'daylight.vropt' 파일을 찾아서 선택한 후 [열기]버튼을 클릭한다.

05 'Render(◔)'를 눌러 렌더링해 본다.

06 렌더링 속도도 빨라지고 하늘이 좀더 맑아진 것을 알 수 있다.

1.3 밤환경으로 만들기

01 실내 야간장면을 연출할 때는 태양광과 배경 이미지를 모두 비활성화하여 어둡게 만든 후 인공조명을
    설치해야 효과적으로 표현할 수 있다.

02 [V-Ray Asset Editor]()를 클릭한다.

03 [Lights](   )옵션창에 있는 [Lights]항목에서
    Sunlight(   )를 클릭하여 비활성화 시킨다.

04 렌더링해서 확인한다. 태양빛은 비치지 않으나 배경 이미지로 인해 해가 진 새벽녘의 느낌으로 렌더링
    된 것을 알 수 있다.

05 이번에는 [V-Ray Asset Editor]에서 [Settings](⚙️)옵션창을 클릭한다.

06 [Environment] 옵션 탭을 클릭하여 하위메뉴를 펼치고 'Background' 항목에서 'Texture Slot(▨)' 옆의 체크항목(☑)을 클릭하여 비활성화 시킨다.

07 렌더링하여 장면을 확인한다. 빛의 요소가 전혀 없이 때문에 까맣게 렌더링되는 것을 알 수 있다.

08 File>Save하여 파일을 저장한다.

2. 조명 설치하기

2.1 Rectangle Light 설치

01 전체 공간에 어느 정도의 밝기를 주기 위해 천장에 주조명으로 Rectangle Light를 설치해야한다.

02 SketchUp의 [Large Tool Set] Toolbar에서 'Zoom Tool( )'을 이용하거나 마우스 휠, 'Pan Tool( )'을 사용하여 아래 그림과 같이 지붕이 보이도록 장면을 바꿔준다.

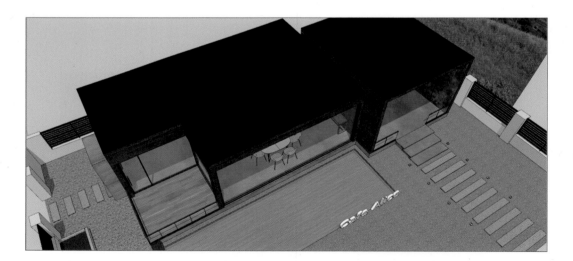

03 SketchUp의 [Tags] Tray에서 '03. Roof' 앞에 있는
눈 모양의 아이콘(👁)을 클릭하여 보이지 않게 한다.

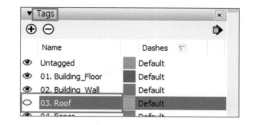

04 V-Ray Light 도구모음(🔲◉◭⬆※◉◎)에서 'Rectangle Light(🔲)'를 클릭한다.

05 아래 그림처럼 천장의 왼쪽 하단의 끝점을 클릭하여 드래그하고 오른쪽 상단의 끝점을 클릭하여
'Rectangle Light'를 설치한다.

06 현재 Rectangle Light의 빛의 방향이 위를 향하고 있으므로 Select Tool(▶)로 'Rectangle Light'를
선택한다.

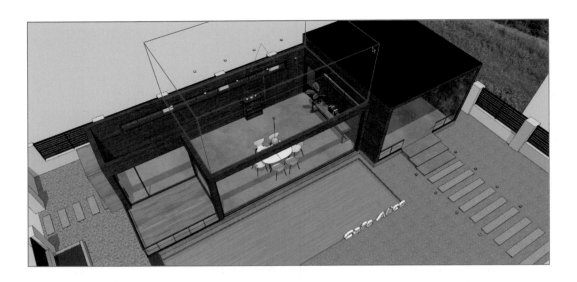

07 마우스 오른쪽 클릭하여 나오는 팝업메뉴에서 Flip Along > Component's Blue'를 선택하여 빛의 방
    향을 바꿔준다.

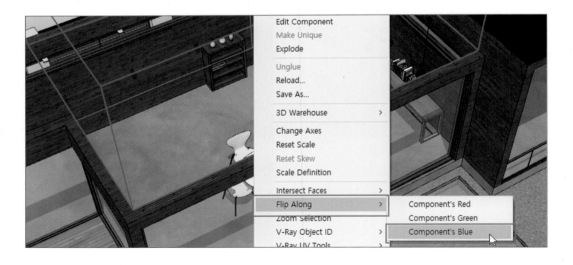

08 현재 Rectangle Light의 위치가 벽보다 높이 배치되어 있으므로 SketchUp의 Move Tool(✥)을 선
    택하여 Rectangle Light의 끝점 하나를 클릭하여 다음 그림과 같이 아래쪽(Z축 방향)으로 이동시킨다

09 'Interior_Night'장면탭을 클릭하여 원래 장면으로 돌아온다.

10 렌더링하여 확인한다. 천장에 Rectangle Light에서 방출되고 있는 하얀빛이 그대로 렌더링되고 있으며 장면이 밝아졌으나 전체적으로는 어두운 편이다.

11 [V-Ray Asset Editor](⊘)에서 [Lights](💡)옵션창을 클릭한다.

12 [Lights]항목에서 'Rectangle Light'를 더블클릭하고 'Rectangle Light_Main'으로 이름을 바꿔준다.

13 [V-Ray Asset Editor](⊘)의 오른쪽 메뉴창을 펼치기 위해 펼침버튼(▶)을 클릭하여 오른쪽 메뉴창을 펼친다.

14 [Parameters]옵션 탭에서 'Intensity'는 '100'을 입력한다.

15 [Options]옵션 탭을 펼치고 하 얀색의 빛이 방출되는 것이 보 이지 않도록 'Invisible'을 체크 한다.

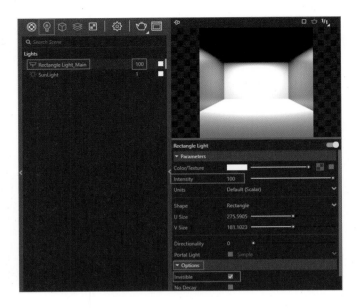

16 렌더링해서 확인한다. 장면이 밝아졌고 천장에 보이던 Rectangle Light의 빛도 보이지 않는다. 이와 같이 어두운 실내공간에 조명을 설치할 때는 천장에 주조명인 Rectangle Light를 설치하여 기본적인 밝기를 주고 기타 보조조명을 설치하는 것이 좋다.

17 SketchUp에서 Tag를 관리하는 [Tags] Tray를 선택
하고 Add Tag(⊕)를 클릭하여 Tag를 추가한 후 이
름을 '22. Rectangle Light_Main'으로 바꿔준다.

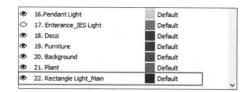

18 Select Tool(▶)을 선택한 후 Rectangle Light를 선택한다.

19 오브젝트의 정보를 나타내는 [Entity Info] Tray를 클
릭하고 Layer 항목의 내림버튼(⌄)을 클릭하여 Tag
의 목록을 펼치고 '22. Rectangle Light_Main'을 선
택하여 Tag를 바꿔준다.

20 File〉Save로 지금까지 작업한 내용을 저장한다.

2.2 IES Light 설치하기

01 천장에 있는 매입등에 조명을 설치하여 보다 생동감 있는 공간을 연출할 수 있다. 이러한 매입등은 IES
Light나 Spot Light를 사용하는 것이 효과적이다.

02 SketchUp의 [Large Tool Set] Toolbar에서 'Zoom Tool(🔍)'을 이용하거나 마우스 휠, 'Pan
Tool(✋)'을 사용하여 입구의 문 위쪽에 있는 매입등을 확대한다(아래 그림 참조).

03 V-Ray Light 도구모음(🔲◎△⋏☀◎◉)에서 IES Light(⊼)를 선택하면 'IES File'창이 된다. 여기서
'IES Light01.ies' 파일을 선택하고 [열기]를 누른다.

04 조명 컴포넌트의 중심점을 클릭하여 'IES Light'를 배치한다.

05 SketchUp창에서 Select Tool(▶)로 IES Light를
    선택한 후 SketchUp의 [Tags] Tray에서 'Add
    Tag(⊕)'를 클릭하여 Tag를 추가하고 이름을 '23.
    IES Light' 로 바꿔준다.

06 [Entity Info] Tray에서 선택한 'IES Light'를 '23.
    IES Light' Tag에 지정해준다.

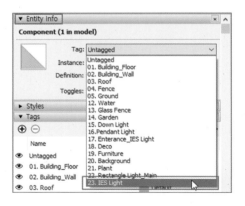

07 복사를 하기 위해 'Zoom Tool(🔍)'을 이용하거나 마
    우스 휠, 'Pan Tool(✋)'을 사용하여 다음 그림과 같
    이 실내 천장에 부착된 매입등이 모두 보이게 장면을
    바꿔준다.

08 Move Tool(✥)을 선택하고 [Ctrl] Key를 누른 채 앞쪽(X축방향)으로 '1,500'간격으로 4개를 복사한다.

09 다시 'Interior_Night' 장면 탭을 클릭하여 원래 장면으로 되돌아온다. 렌더링하여 확인한다. 아직 빛의 밝기가 설정되지 않아 아무런 효과가 보이지 않는다.

10 [V-Ray Asset Editor] 창의 [Lights]옵션 창에서 'IES Light' 를 선택한 후 오른쪽에 있는 옵션창에서 'Intensity(lm)' 옵션을 체크하여 활성화하고 수치값을 '1,000,000' 으로 바꿔준다.

11 렌더링하여 확인한다. 왼쪽 벽에 빛이 비치고 바닥도 빛이 닿아 밝게

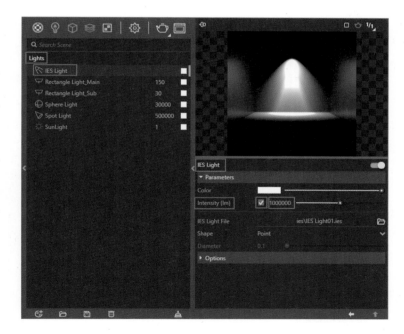

빛나고 있다. 그러나 벽면을 좀더 밝게 하고 바닥면은 직접 비추지 않게 하기 위해서는 IES Light의 위치를 바꿀 필요가 있다.

12 'Zoom Tool( )'을 이용하거나 마우스 휠, 'Pan Tool( )'을 사용하여 아래와 같이 'IES Light'가 모두 보이도록 장면을 바꿔주고 [Shift] Key를 누르고 Select Tool( )로 'IES Light' 5개를 모두 선택한다.

13 SketchUp창에서 'Rotate Tool( )'을 선택하고 아래 그림과 같이 X축(빨간색 각도기 표시)으로 25도 돌려준다(VCB의 'Angle'에 '25'를 입력한다).

14 'Interior_Night' 장면 탭을 클릭하여 원래 장면으로 되돌아온 후 렌더링하여 확인한다. 벽면이 'IES Light'에 의해 포물선 모양으로 빛나고 바닥의 눈부심 현상도 줄어들었으면 전체적인 공간도 밝아졌다.

2.3 문쪽 펜던트등에 Sphere Light 설치하기

01 이 공간에는 펜던트등이 3개가 설치되어 있다. 펜던트등 안으로 Sphere Light를 설치하여 부분조명을 연출해 볼 수 있다.

02 'Zoom Tool(🔍)'을 이용하거나 마우스 휠, 'Pan Tool(✋)'을 사용하여 문 옆에 있는 책상 위에 드리워진 펜던트 중 왼쪽 펜던트를 확대해서 보이도록 한다(다음 쪽 그림 참조).

03 Select Tool(▸)로 'Sphere Light'가 설치될 보조선을 클릭한다.

04 V-Ray Light 도구모음(▽◎△⋏✳️◎◉)에서 'Sphere Light(◉)'를 선택한 후 선택한 보조선의 끝점을 클릭한다. 오른쪽으로 조금 드래그한 후 오른쪽 하단 VCB의 'Measurements'란에 '50'을 입력하고 [Enter] Key를 눌러 Sphere Light의 크기를 지정하고 배치한다.

05 [V-Ray Asset Editor](◎)에서 [Lights](♀)옵션창의 [Lights]항목에서 'Sphere Light'를 더블클릭
    하고 'Sphere Light_Orient'로 이름을 바꿔준다(이 펜던트등의 정식이름이 'Orient'이다).

06 [V-Ray Asset Editor](◎)의 오른쪽 메뉴창에 있는 Parameters]옵션 탭에서 'Intensity'는 '20,000'을
    입력한다.

07 [Options]옵션 탭을
    펼치고 하얀색의 빛이
    방출되는 것이 보이지
    않도록 'Invisible'을
    체크한다.

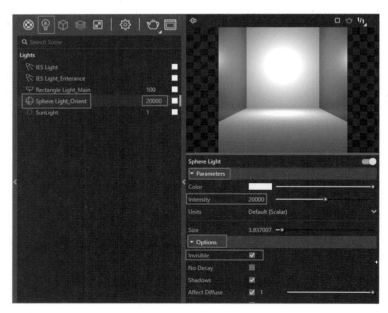

08 SketchUp 창에서 Select Tool(▶)로 Sphere Light를 선택한 후 SketchUp의 [Tags] Tray에서 'Add Tag(⊕)'를 클릭하여 Tag를 추가하고 이름을 '24. Sphere Light' 로 바꿔준다.

09 [Entity Info] Tray에서 선택한 'Sphere Light'를 '24. Sphere Light' Tag에 지정해 준다.

10 오른쪽 펜던트등에 같은 'Sphere Light'를 설치하기 위해 오른쪽 펜던트등이 보이도록 'Pan Tool(✋)'을 사용하여 오른쪽으로 장면을 이동시킨다.

11 Move Tool(✛)을 선택하고 'Sphere Light'의 중심점을 클릭한 후 [Ctrl] Key를 누른 채 오른쪽(Y축방향, 녹색축)으로 이동하여 역시 그려놓은 보조선 끝점을 클릭한다(거리값: 1184).

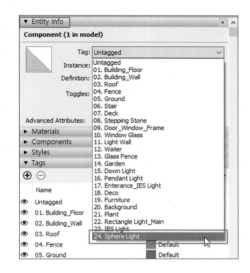

12 'Interior_Night' 장면 탭을 클릭하여 원래 장면으로 되돌아온 후 렌더링하여 확인한다. 펜던트등에서
　　자연스럽게 빛이 나오고 있다.

2.4 테이블 위의 펜던트등에 Sphere Light 설치하기

01 이제 흰색 테이블 위에 있는 펜던트등(정식이름: Suspense)에 Sphere Light를 설치한다.

02 같은 방법으로 'Zoom Tool(🔍)'을 이용하거나 마우스 휠, 'Pan Tool(✋)'을 사용하여 테이블 위 펜던
　　트등을 확대한다.

03 V-Ray Light 도구모음(▽◎△↑✳◎◎)에서
　　'Sphere Light(◎)'를 선택한 후 선택한 보조선의 끝
　　점을 클릭한다. 오른쪽으로 조금 드래그한 후 오른쪽
　　하단 VCB의 'Measurements'란에 '50'을 입력하고
　　[Enter] Key를 눌러 Sphere Light의 크기를 지정하
　　고 배치한다.

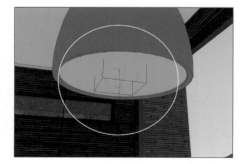

04 [V-Ray Asset Editor](⊘)에서 [Lights](◎)옵션 창의 [Lights]항목에서 'Sphere Light'를 더블클릭하고 'Sphere Light_Suspense'로 이름을 바꿔준다.

05 [V-Ray Asset Editor](⊘)의 오른쪽 메뉴창에 있는 Parameters]옵션 탭에서 'Intensity'는 '30,000'을 입력한다.

06 [Options]옵션 탭을 펼치고 하얀색의 빛이 방출되는 것이 보이지 않도록 'Invisible'을 체크한다.

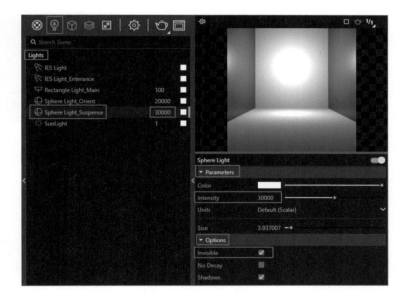

07 'Sphere Light_Suspense'가 선택되어 있는지 확인한 후 [Entity Info] Tray에서 선택한 'Sphere Light'를 '24. Sphere Light' Tag에 지정해 준다.

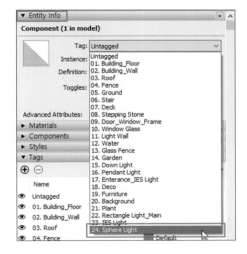

08 'Interior_Night' 장면 탭을 클릭하여 원래 장면으로 되돌아온 후 렌더링하여 확인한다. 테이블과 의자 부분이 밝아졌으며 바닥에 그림자도 드리워지는 것을 볼 수 있다.

2.5 Rectangle Light 밝기 조절하기

01 이제 모든 조명이 설치가 되었다. 그러나 조명이 설치
되면서 공간이 전체적으로 많이 밝아졌다. 조명으로
인한 대비가 어느 정도 있어야 공간이 확실하게 표현
되어 보이므로 [V-Ray Asset Editor](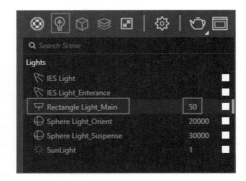)에서
[Lights]( )옵션창에서 'Rectangle Light_Main'을
선택한 후 'Intensity'값을 '50'으로 입력한다.

02 렌더링하여 확인한다. 빛을 받는 부분은 더욱 밝아졌으며 바닥에 그림자도 보다 선명하게 보인다.

03 File〉Save하여 지금까지 작업한 내용을 저장한다.

2.6 입구에 설치된 IES Light 불러오기

01 이 장면에는 문 뒤의 입구 쪽 천장에 IES Light가 설치되어 있다. 이 IES Light들은 '17. Enterance_ IES Light' Tag에 지정되어 있으며 현재 감추어진 상태이다.

02 SketchUp의 [Tags] Tray에서 '17. Enterance_IES Light' Tag 앞의 '◌'를 클릭하여 숨겨두었던 'IES Light_Enterance' 조명이 나타나도록 한다.

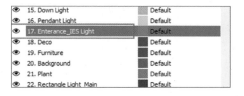

03 'Interior_Night' 장면 탭에 마우스를 올리고 오른쪽 클릭하여 나오는 팝업메뉴에서 'Update'를 선택한다.

04 렌더링하여 확인한다. 바깥쪽에 조명이 켜진 것을 확인한다.

2.7 Emissve 재질로 전등 빛나게 하기

01 이제 조명이 모두 설치되었다. 그런데 'Down Light' 오브젝트 자체에서는 불빛이 나오지 않고 있어 사실감이 떨어진다.

02 [V-Ray Asset Editor]창의 [Materials]옵션창을 클릭하고 'Light Emissive' 재질을 클릭하여 선택한다.

03 재질감 미리보기창을 보기 위해서 펼침아이콘(▶)을 클릭한다.

04 [V-Ray Asset Editor]창에서 오른쪽의 [VRayBRDF] 통합 레이어 탭의 'Add Layer' 아이콘(⬛)을 클릭해 하위옵션을 나타나게 한 후 'Emissive'를 선택하여 클릭한다.

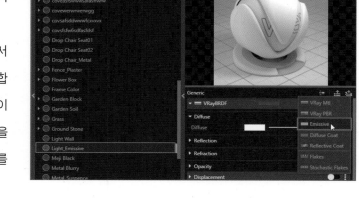

05 [Emissive]레이어가 추가되고 재질이 빛을 표현하는 것을 미리보기창에서 확인할 수 있다.

06 'Intensity(빛의 강도)' 값을 '6'으로 입력한다.

07 렌더링하여 확인한다. 매입등에서 빛이 나는 것이 표현되고 문 위쪽에도 빛이 나와 간접조명의 효과를 주고 있다.

3. 재질 입히기

3.1 벽에 Bump(범프) 재질 입히기

01 [V-Ray Asset Editor]의 'Materials(◉)' 옵션창에서 'Brick Wall' 재질을 선택한다.

02 [V-Ray Asset Editor]창의 오른쪽에 있는 [VRayBRDF] 통합 레이어 탭의 'Add Attribute' 아이콘(⬆)을 클릭해 하위옵션을 나타나게 한 후 'Bump'를 선택하여 클릭한다

03 [VRayBRDF] 통합 레이어에 [Bump] 옵션 탭이 생성된 것을 확인하고 'Mode/Map' 옵션의 오른쪽에 있는 'Texture Slot(▦)'을 클릭한다.

04 'Bitmap'을 선택한다.

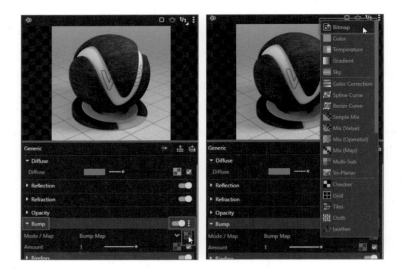

05 나오는 'Select a file'창에서 저장한 'Special Brick01_B.jpg'파일을 선택하고 [열기]버튼을 클릭한다.

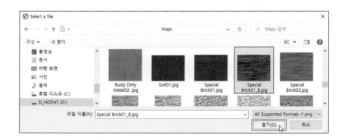

06 [Bitmap]옵션 창의 하단에서 'Up the Assets Hierarchy(⬆)' 버튼을 클릭한다.

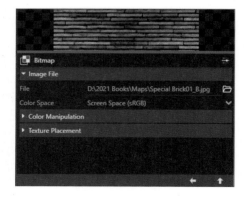

07 Render(📷)를 눌러 렌더링되는 결과를 확인한다. 벽의 재질이 볼륨있게 표현이 된 것을 알 수 있다. 'IES Light'가 설치가 되어 'Bump'의 효과가 잘 나타 나는 것을 볼 수 있다.

3.2 바닥에 반사재질 입히기

01 [V-Ray Asset Editor]의 'Materials(⊚)' 옵션창에
    서 'Podium' 재질을 선택한 후 오른쪽 메뉴 펼침아
    이콘(▶)을 클릭하여 미리보기창이 나오도록 확장
    시킨다.

02 반사재질을 주기 위해 오른쪽에 있는 V-Ray 통합 레
    이어인 [VRayBRDF] 레이어 탭에서 반사를 설정하
    는 [Reflection]옵션 탭을 클릭해 확장한다.

03 반사값을 설정하는 'Reflection Color' 옵션의 슬라
    이드 바를 가장 오른쪽으로 이동하고 재질감 미리보
    기창에서 재질감을 확인한다. 재질이 반짝이며 반사
    가 일어나는 것을 확인한다.

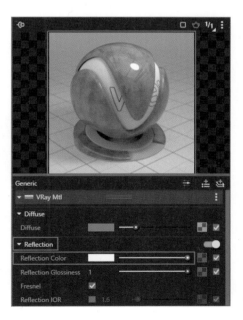

04 렌더링해서 확인한다(📷). 바닥에 반사재질이 잘 입혀졌으나 반사가 심하고 바닥을 잘 보면 문 옆에 설치한 'Sphere Light'의 형태가 바닥에 비쳐지고 있다.

05 먼저 반사값을 낮추어 자연스러운 반사를 표현한다. [Reflection]옵션 탭에서 'Reflection Glossiness'값을 '0.9'로 바꿔준다.

06 렌더링해서 확인한다(📷). 바닥이 흐릿하게 반사가 일어난다.

실제 재질에는 반사속성이 없다 하더라도 V-Ray로 렌더링할 때는 아주 약한 반사재질을 입혀주는 것이 이미지로 출력했을 시 어색하지 않다.

3.3 바닥에 비치는 조명기구의 형태 감추기

01 [V-Ray Asset Editor](⊘) 에서 [Lights](💡)옵션창의 [Lights]항목에서 'Sphere Light_Orient'를 선택한다.

02 오른쪽 메뉴창에서 [Options] 옵션 탭 아래에 있는 'Affect Specular'와 'Affect Reflections'를 체크 해제한다.

03 렌더링해서 확인한다.

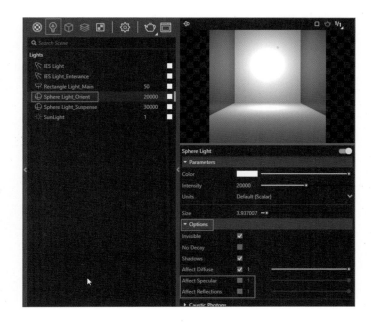

3.4 유리창에 반사재질 입히기

01 [V-Ray Asset Editor]의 'Materials(⊚)' 옵션창에
서 'Window Glass'재질을 선택한 후 오른쪽 메뉴 펼
침아이콘(▶)을 클릭하여 미리보기창이 나오도록 확
장시킨다.

02 반사재질을 주기 위해 오른쪽에 있는 V-Ray 통합 레
이어인 [VRayBRDF] 레이어 탭에서 반사를 설정하
는 [Reflection]옵션 탭을 클릭해 확장한다.

03 반사값을 설정하는 'Reflection Color' 옵션의 슬라
이드 바를 가장 오른쪽으로 이동하고 재질감 미리보
기창에서 재질감을 확인한다. 재질이 반짝이며 반사
가 일어나는 것을 확인한다.

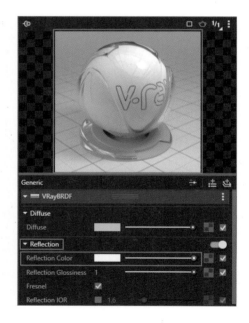

04 렌더링해서 확인한다. 렌더링된 이미지를 살펴보면 유리창에 천장에 설치한 'Rectangle Light' 가 비쳐 보인다.

05 이를 수정하기 위해 [V-Ray Asset Editor](⊘)에서 [Lights](💡)옵션 창의 [Lights] 항목에서 'Rectangle Light_Main'을 선택한다.

06 오른쪽 메뉴창에서 [Options] 옵션 탭 아래에 있는 'Affect Specular'와 'Affect Reflections'를 체크 해제한다.

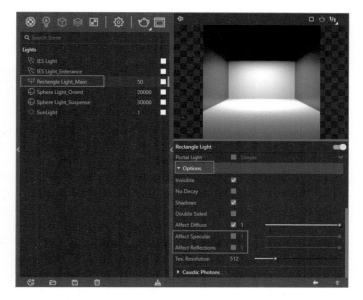

07 렌더링해서 확인한다.

3.5 창문 프레임에 반사재질 주기

01 [V-Ray Asset Editor]의 'Materials(■)'옵션창에서 'Frame Color' 재질을 선택한다.

02 [Reflection]옵션 탭을 클릭
해 확장한다.

03 'Reflection Color' 옵션의 슬
라이드 바를 오른쪽으로 이동
한다. 반사값을 낮추기 위해
'Reflection Glossiness' 값
을 '0.9'로 입력한다

04 렌더링해서 확인한다. 유리창 프레임에 약한 반사가 일어나는 것을 알 수 있다.

3.6 의자에 반사재질 주기

01 [V-Ray Asset Editor]의 'Materials(⊗)'옵션창에서 'Chair_Mint' 재질을 선택한다.

02 [Reflection]옵션 탭을 클릭
해 확장한다.

03 'Reflection Color' 옵션의 슬
라이드 바를 오른쪽으로 이동
한다.

04 재질감 미리보기창에서 재질
이 반짝이며 반사가 일어나는
것을 확인한다.

05 'Render()'버튼을 클릭하여 의자의 좌판이 반짝이는 플라스틱 재질로 바뀐 것을 확인한다.

3.7 테이블에 반사재질 주기

01 [V-Ray Asset Editor]의 'Materials(⊗)'옵션창에서 테이블 상판의 재질인 'Table Top01' 재질을 선택한다.

02 [Reflection]옵션 탭을 클릭해 확장한다.

03 'Reflection Color' 옵션의 슬라이드 바를 오른쪽으로 이동한다.

04 재질감 미리보기창에서 재질이 반짝이며 반사가 일어나는 것을 확인한다.

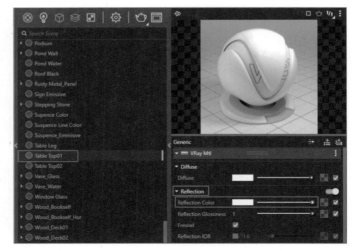

05 'Render(📷)'버튼을 클릭하여 확인한다. 테이블 위가 반짝이며 반사가 일어나는 것을 확인한다.

06 같은 방법으로 'Table Top02', 'Table Leg' 재질도 선택하여 반사재질을 입힌다.

3.8 Suspense 펜던트등에 재질 입히기

01 [V-Ray Asset Editor]의 'Materials(◉)' 옵션창에서 'Suspence Color' 재질을 선택한다.

02 펜던트등의 회색 색상을 좀더 밝게 하기 위하여 [Diffuse]옵션 탭에서 'Color Box(색상상자)'를 클릭한다.

03 'Color Picker' 창이 나타나면 'R: 180, G: 180 B: 180'을 입력하고 오른쪽 상단의 'Close(☒)'를 클릭하여 'Color Picker' 창을 닫는다.

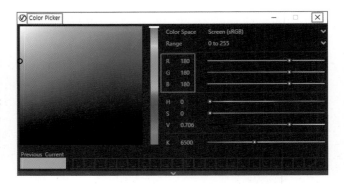

04 회색이 밝아진 것을 확인한다.

05 이번에는 반사재질을 주기 위해 [Reflection]옵션 탭을 클릭해 확장한다.

06 'Reflection Color' 옵션의 슬라이드 바를 오른쪽으로 이동한다.

07 재질감 미리보기창에서 재질이 반짝이며 반사가 일어나는 것을 확인한다.

08 흐릿한 반사를 위해서 'Reflection Glossiness' 값을 '0.75'로 입력한다

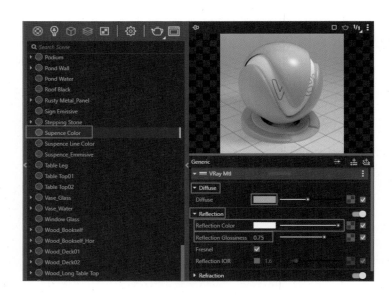

09 'Render(📷)'하여 확인한다. 펜던트등갓이 회색빛의 은은한 광택이 나는 것을 볼 수 있다.

3.9 Orient 펜던트등에 재질 입히기 I

01 'Orient' 펜던트등에는 VRMat를 사용하여 반짝이는 금속재질을 입혀본다.

02 [V-Ray Asset Editor]창의 [Materials]옵션창 왼쪽에 있는 펼침버튼(◀)을 하고 [Materials] 아래에 있는 'Metal' 폴더를 선택한다.

03 L i b r a r y 에 서 ' C h r o m e Polished'를 선택 한다.

04 마우스 왼쪽 버튼을 클릭한 채로 오른쪽 의 [Materials]창으 로 드래그한다.

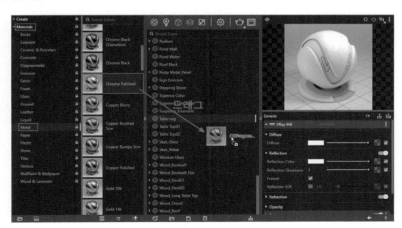

05 오른쪽 [Materials]창에 'Chrome Polished'가 추가되었고 금속재질이 미리보기창에 나타난다. 또한
    SketchUp의 [Materials] Tray에도 'Chrome Polished'가 추가된 것을 확인한다.

06 [Materials]에서 'Metal_Orient' 재질을 선택한다.

07 마우스 오른쪽 클릭하
    여 나타나는 팝업메뉴
    에서 'Select Objects
    In Scene'을 클릭한다.

08 SketchUp창을 보면
    'Metal_Orient' 재질이
    적용된 'Orient' 펜던트
    등이 선택이 안된 것처
    럼 보이지만 확대해 보
    면 선택이 된 것을 알
    수 있다.

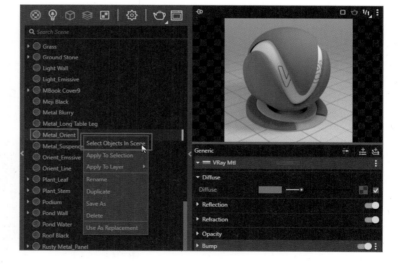

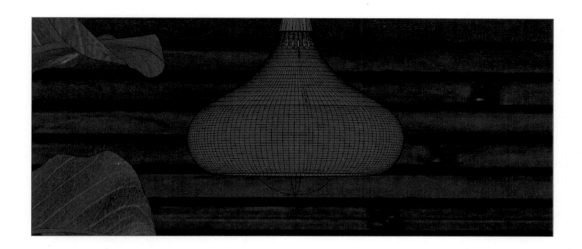

09 이번에는 'Chrome
Polished' 재질 이름
위에 마우스 포인터를
올리고 오른쪽 클릭하
여 나오는 팝업창에서
'Apply Material To
Selection'을 선택하여
선택된 오브젝트에 금
속재질을 적용한다.

10 'Interior_Night' 장면탭을 클릭하고 렌더링해서 확인한다. 'Orient' 펜던트등에 반짝이는 금속재질이 입
혀진 것을 확인한다.

3.10 Orient 펜던트등에 재질 입히기 II

01 [V-Ray Asset Editor]
의 'Materials(⊙)'옵
션창에서 'Orient' 펜던
트 의 나 무 재 질 인
'Wood_Orient'재질을
선택한다.

02 [Reflection]옵션 탭을
클릭해 확장한다.

03 'Reflection Color' 옵
션의 슬라이드 바를 오
른쪽으로 이동한다.

04 재질감 미리보기창에서 재질이 반짝이며 반사가 일어나는 것을 확인한다.

05 흐릿한 반사를 위해 'Reflection Glossiness'값을 '0.9'로 낮춰준다.

3.11 챗꽂이에 재질 주기

01 [V-Ray Asset Editor]의 'Materials(⊗)'옵션창에서 왼쪽에 있는 책꽂이의 재질인 'Wood_Bookself'
    재질을 선택한다.

02 [Reflection]옵션 탭을 클릭해 확장한다.

03 'Reflection Color' 옵
    션의 슬라이드 바를 오
    른쪽으로 이동한다.

04 재질감 미리보기창에
    서 재질이 반짝이며 반
    사가 일어나는 것을 확
    인한다.

05 흐릿한 반사를 위
    해 'Reflection
    Glossiness'값을 '0.8'
    로 낮춰준다.

3.12 나무 테이블에 재질 주기

01 [V-Ray Asset Editor]
의 'Materials(⊗)'옵
션창에서 책이 놓여 있
는 나무 테이블의 상판
재질인 Wood_Long
Table Top' 재질을 선
택한다.

02 [Reflection]옵션 탭을
클릭해 확장한다.

03 'Reflection Color' 옵
션의 슬라이드 바를 오
른쪽으로 이동한다.

04 재질감 미리보기창에서 재질이 반짝이며 반사가 일어나는 것을 확인한다.

05 흐릿한 반사를 위해 'Reflection Glossiness'값을 '0.9'로 낮춰준다.

3.13 나무 테이블 다리에 재질 주기

01 [V-Ray Asset Editor]의 'Materials(⊗)'옵션창에서 책이 놓여 있는 나무 테이블의 다리 재질인
'Metal_Long Table Leg' 재질을 선택한다.

02 [Reflection]옵션 탭을 클릭해 확장한다.

03 'Reflection Color' 옵션의 슬라이드 바를 오른쪽으로 이동한다.

04 재질감 미리보기창에
서 재질이 반짝이며 반
사가 일어나는 것을 확
인한다.

05 흐릿한 반사를 위
해 'Reflection
Glossiness'값을 '0.9'
로 낮추어 준다.

06 금속의 질감을 주기 위
해 'Reflection IOR'을
체크하고 '5'를 입력한
다. 미리보기창의 재질
이 금속으로 바뀐다.

07 렌더링해서 확인한다.

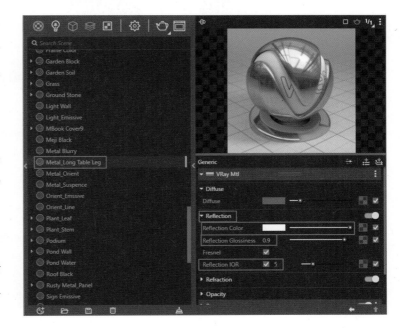

4. 최종 렌더링을 위한 옵션 설정하기

01 Irradiance Map 연산 데이터 파일을 저장하기 위해 [V-Ray Asset Editor]창의 Settings(⚙)를 클릭
    하고 오른쪽 창에서 [Global Illumination]탭을 확장한다.

02 'Switch To Advanced Settings(⬛)'를 클릭하여 하위 메뉴들이 나타나도록 한다.

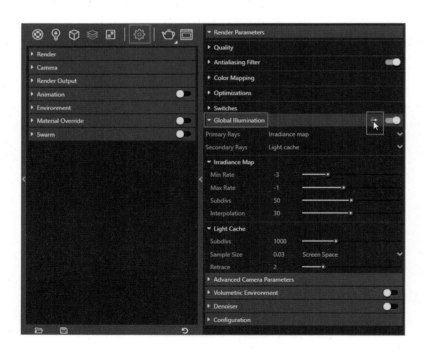

03 [Irradiance Map]탭의 [Disk Caching]옵션 탭을 확
장시키고 [Save]버튼을 누른다.

04 나타나는 'Select an Irradiance Map File'창에서 저장할 경로를 지정하고 파일이름을 'Interior_
Night'로 입력한 다음 [저장]버튼을 누른다. 이 저장된 파일의 확장자는 'vrmap'이다.

05 저장한 Irradiance Map 연산 데이터 파일을 불러오
기 위하여 'Mode'옵션의 내림버튼()을 클릭해
'From File' 모드로 선택한다.

06 'Source File'에서 'Open File()' 아이콘을 클릭한다. 나오는 'Select a file'창에서 방금 저장한
'Interior_Night.vrmap' 파일을 선택하고 [열기]를 클릭한다. 'Source File'에 'Interior_Night.vrmap'
파일이 지정된 것을 확인한다.

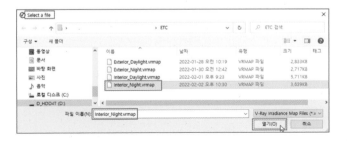

07 이번에는 Light Cache 연산 데이터 파일을 저장하
기 위해 [Light Cache]탭의 [Disk Caching]옵션 탭
을 확장시키고 [Save]버튼을 누른다.

08 나타나는 'Select a Light Map File'창에서 저장할
경로를 지정하고 파일이름을 'Interior_Night'로 입력
한 다음 [저장] 버튼을 누른다. 이 저장된 파일의 확장자는 'vrlmap'이다.

09 저장한 Light Cache 연산 데이터 파일을 불러오기
위하여 'Mode'옵션의 내림버튼(⌄)을 클릭해 'From
File'모드로 선택한다.

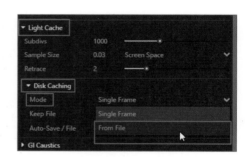

10 'Source File'에서 'Open File(📂)' 아이콘을 클릭한
다. 나오는 'Select a file'창에서 방금 저장한
'Interior_Night.vrlmap' 파일을 선택하고 [열기]를
클릭한다. 'Source File'에 'Interior_Night.vrlmap' 파일이 지정된 것을 확인한다.

5. 최종 렌더링하기

01 최종 렌더링을 하기 위해 [V-Ray Asset Editor]의 Settings(⚙)에서 [Render]탭에서 'Quality'를 'High'로 바꿔준다.

02 또, [Render Output]탭에서 'Image Width/Height' 값을 '1024'로 입력한다. 이 입력한 숫자에 따라 뒤쪽 숫자도 자동으로 입력된다(이는 화면의 'Aspect Ratio' 에 의해 정해진다).

03 렌더링한다. 기존의 연산과정이 생략된 채 바로 렌더링되는 것을 알 수 있다.

04 렌더링이 끝나면 이름을 'Exterior_Night'로 지정하여 TIF 파일형식으로 저장한다(JPEG는 권장하지 않는다).

05 여기서는 배경 이미지를 합성하지 않고 그대로 사용할 것이므로 TIF로 저장하였다. 배경을 따로 합성할 경우에는 PNG 파일로 저장하는 것이 좋다.

6. PhotoShop에서 이미지 보정하기

01 PhotoShop(**Ps**) 실행한다.

02 File〉Open하여 작업한 파일 Exterior_Night.tif'를 불러온다.

03 오른쪽에 있는 [Layer]탭에서 'Background' Layer 를 더블클릭하고 나오는 'New Layer'창에서 [OK]를 선택하여 일반 Layer로 만들어준다.

04 상단의 메뉴바에서 Image〉Auto Color를 선택하여 전제적인 이미지 색상을 보정한다.

05 키보드로 '[Ctrl]+J'를 눌러 Layer를 복사한다.

06 복사된 Layer를 클릭하여 선택하고 상단의 메뉴바에 서 Image〉Adjustments〉Levels를 선택한다(단축 키 '[Ctrl] + L'을 눌러도 된다).

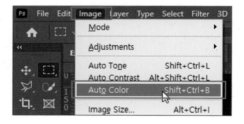

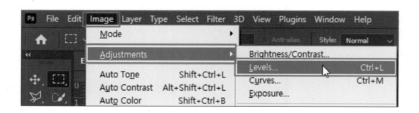

07 나오는 [Level]창에서 가장 밝은 영역에 '200'을 입력
   하여 이미지를 조금 밝게 보정하고 [OK]를 클릭한다.

08 보정한 Layer의 Opacity를 30으로 설정한다

09 다시 키보드로 '[Ctrl]+E'를 눌러 두 Layer를 병합
   한다.

10 다시 키보드로 '[Ctrl]+J'를 눌러 Layer를 복사한다.

11 복사한 Layer가 선택되었는 지 확인하고 Layer의 블
   렌딩 모드를 'Soft Light'를 선택한다.

12 'Soft Light' 블렌딩 모드가 적용된 Layer의 Opacity를 '30'으로 설정한다.

13 키보드로 '[Ctrl]+E'를 눌러 두 Layer를 병합한다.

14 다시 키보드로 '[Ctrl]+J'를 눌러 Layer를 복사한다.

15 복사한 Layer에 Filter 기능을 사용하여 보정을 한다. 상단의 메뉴바에서 Filter>Filter Gallery를 선택
   한다.

16 그러나 현재 사용하려는 Filter Gallery가
   비활성화되어 있다.

17 다시 상단의 메뉴바에서 Image>Mode
   에서 현재 '16Bits/Channel'인 것을 '8
   Bits/Channel'로 바꿔준다.

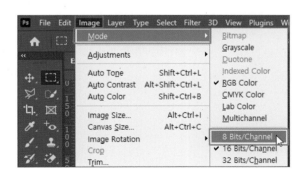

18 다시 상단의 메뉴바에서 Filter〉Filter Gallery를 선택한다. 이제 Filter Gallery가 활성화되는 것을 알 수 있다.

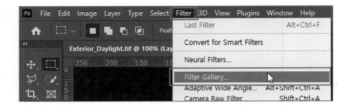

19 Distort〉Diffuse Glow를 선택한다. Graininess → 0, Glow Amount → 3, Clear Amount → 10으로 입력한 후 [OK]한다.

20 'Diffuse Glow'가 적용된 Layer의 Opacity 값을 '60'으로 설정한다.

21 키보드로 '[Ctrl]+E'를 눌러 두 Layer를 병합한다.

22 File〉Save as 명령으로 다른 이름으로 저장한다. 본 실습에서는 'Interior_Night_Edited.png'로 저장하였다. 두 이미지를 비교하여 본다.

[V-Ray로 렌더링된 원본 이미지]

[PhotoShop으로 보정된 이미지]

제 9 강

SketchUp의 컴포넌트 편집하여 사용하기

강의 목표

SketchUp으로 모델링을 한 후 V-Ray를 사용하여 렌더링할 때 의외로 다양한 문제점들을 만나게 된다. 실제 SketchUp 자체로 모델링된 공간보다 3D Warehouse에서 다운로드한 컴포넌트에 의한 문제점이 대부분이다. 이는 3D Warehouse에서 컴포넌트를 다운로드하여 사용할 경우 컴포넌트를 정리하지 않고 공간 모델파일 안으로 바로 임포트하기 때문에 주로 발생한다. 따라서 직접 모델링한 파일이 아닌 외부에서 다운로드 받아서 사용할 경우에는 다소 불편하더라도 오브젝트를 따로 다운로드 받아 재질, 태그, 오브젝트 속성 등을 정리한 후에 작업 파일로 임포트하여야 렌더링 시 문제가 일어나지 않는다.

본 강의에서는 컴포넌트 정리 및 관리 방법에 대해 알아본다.

1. Component 다운로드 받기

1.1 3D Warehouse에서 다운로드 받기

01 SketchUp(📦)을 더블클릭하여 실행한다.

02 메뉴바에서 Window>3D Warehouse를 선택한다.

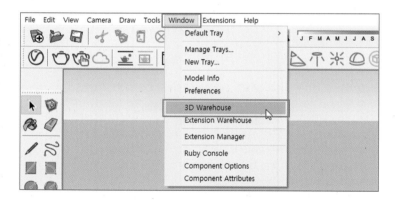

03 식물 컴포넌트를 찾기 위해 검색창에 'plant'라고 입력하고 필요한 컴포넌트를 찾아 다운로드(⬇)버튼
을 클릭한다.

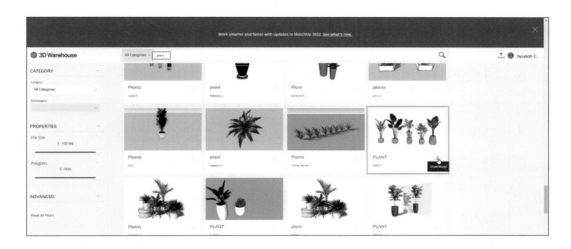

04 [Load into Model]창이 나오면 [아니오]를 클릭한다. 이 경
우는 모델링된 오브젝트가 없는 새로운 SketchUp 파일이
므로 [예]를 선택해서 정리한 후 저장해도 무방하지만 보통은
작업 중에 컴포넌트를 검색하게 되므로 [아니오]를 선택하여
다운로드 받은 후 다운로드 받은 파일을 열어서 수정하는 방법으로 진행한다.

05 [아니오]를 클릭하여 나오는 [Save File]창이 나오면 다운로드 받을 경로를 지정한 후 '저장' 버튼을 클
릭한다. 이렇게 다운로드 받는 컴포넌트는 따로 폴더를 만들어 저장해서 사용하는 것이 좋다.

06 [3D Warehouse] 창을 닫는다.

1.2 다운로드 받은 컴포넌트 편집하여 저장하기

01 이제 File>Open 하여 저장한 파일을 불러온다.

02 다운로드 받은 이 파일 안에는 총 5 종류의 식물이 한
    꺼번에 들어있다. 하나의 파일에 하나의 컴포넌트가
    있는 경우도 있고 지금과 같이 하나의 파일에 여러 컴
    포넌트들이 들어 있는 경우도 있다.

03 Select Tool(⬉)로 각 오브젝트들을 클릭해 본다.
    이 파일의 경우 화분, 나뭇잎, 줄기, 돌 등 모두 하나
    하나 나누어져 있다.

04 [Outliner]Tray를 펼쳐보면 수많은 그룹으로 되어 있
    다는 것을 알 수 있으며 각각을 클릭하면 해당하는 오
    브젝트들이 선택된다.

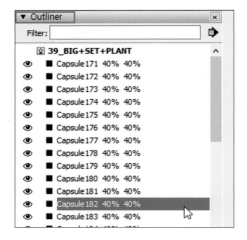

05 SketchUp 화면의 상단에 있는 메뉴바에서 [Window>Model Info]를 선택한다.

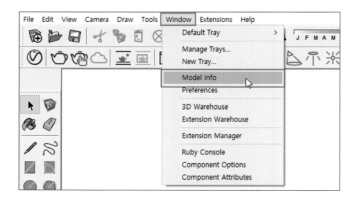

06 [Model Info]창에서 왼쪽의 'Statistics' 항목을 클릭하여 선택한다. 그룹의 개수가 총 138개임을 알 수
    있다.

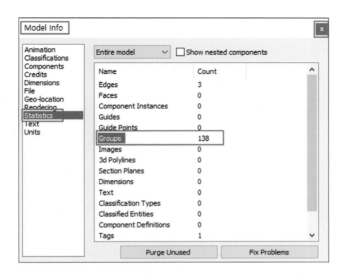

07 확인 후 '닫기(x)'를 클릭하여 [Model Info]창을 닫는다.

08 이제 마우스의 휠이나 'Orbit Tool( )'을 사용하여 아래 그림과 같이 장면을 바꿔본다.

09 현재 장면에 여러 개의 식물 오브젝트를 모두 한꺼번에 가져다 쓰는 경우는 매우 드물다. 여기서는
SketchUp의 화면에서 왼쪽에서 네 번째 화분을 골라 편집해 보겠다.

10 'Zoom Tool(🔍)', 'Orbit Tool(✥)', 'Pan Tool(✍)' 을 사용하여 네 번째 화분을 확대한다.

11 오른쪽 화분에 있는 돌을 몇 개 왼쪽 화분으로 옮기기 위해 [Shift]Key + 'Select Tool(▲)'로 돌을 선택하고 [Ctrl]Key + Move Tool(✥)'을 이용하여 선택복사한다.

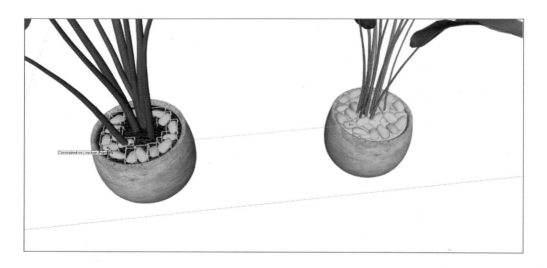

12 'Select Tool(▲)'과 'Move Tool(✥)'을 적절히 사용하여 보기 좋게 배치한다.

13 Zoom Extents(⛶)를 클릭하여 화면을 Zoom Out 한다.

14 'Select Tool(▶)'로 드래그하여 네 번째 화분 오브젝트들을 모두 선택한다.

15 SketchUp 상단의 메뉴바에서 'Edit > Copy'를 선택한다(혹은 '[Ctrl]Key + C'를 누른다).

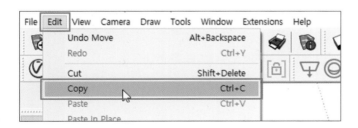

16 SketchUp 상단의 메뉴바에서 'File〉New'를 클릭하여 새로
운 템플릿을 불어온다. 나오는 [SketchUp]창에서는 저장하
지 않을 것이므로 [아니오]를 클릭한다.

17 새 파일이 열리면 SketchUp상단의 메뉴바에서 'Edit〉Paste in Place'를 선택한다.

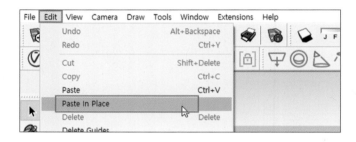

18 잠시 기다리면 화면에 복사한 오브젝트가 나타난다.

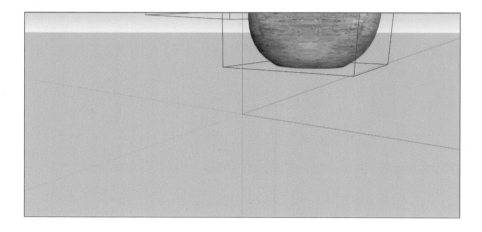

19 Zoom Extents(⌦)를 클릭하여 오브젝트가 화면에 모두 보이도록 한다.

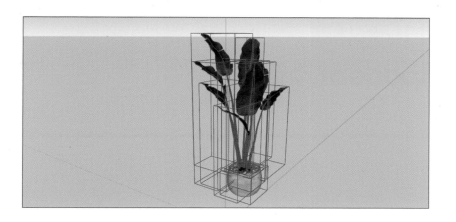

20 File〉Save as로 파일이름을 'Big Banana Tree'로 입력하고 원하는 경로에 저장한다.

2. Component 수정하기

2.1 크기 확인하기

01 오브젝트들이 모두 선택되어 있는지 확인하고 'Move Tool(✥)'를 사용하여 화분의 바닥 중심을 원점
   가까이로 이동한다.

02 'Select Tool(▶)'로 화면의 빈 곳을 클릭하여 선택해제한다.

03 'Tape Measure Tool(🖉)'을 선택하여 아래 그림처럼 화분을 아래로부터 위로 드래그하여 치수를 재
   어 본다. 현재 60m 정도의 길이이다. 이와 같은 현상은 컴포넌트가 'M(미터)' 단위로 모델링이 되어 현재
   우리가 사용하고 있는 'mm(밀리미터)' 단위를 사용하고 있는 SketchUp 템플릿으로 들어왔기 때문에
   발생한다.

04 길이를 줄이기 위해 'Select Tool( )'로 오브젝트를 모두 선택하거나 '[Ctrl]Key + A'로 장면에 있는 모든 오브젝트를 선택한다.

05 다시 'Tape Measure Tool( )'을 선택하고 X축(빨간색 쪽)을 클릭한 후 아래와 같이 드래그한다.

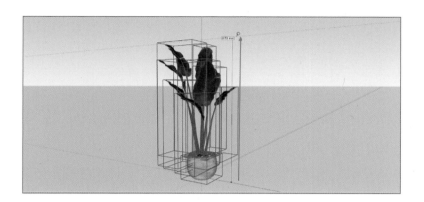

06 오른쪽 하단의 VCB(Value Control Box)의 'Length'란에 '1,800'을 입력하고 [Enter]한다.

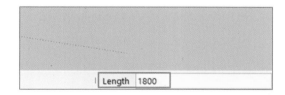

07 나오는 [SketchUp]창에서 [예]를 클릭한다.

08 화면에서 나무 오브젝트가 작아진 것을 확인한다.

09 'Zoom Extents( )'를 클릭하여 오브젝트가 화면에 모두 보이도록 한다.

10 'Tape Measure Too( )'을 선택하여 길이를 재어 보면 '1,800mm'로 줄어든 것을 알 수 있다. 이와 같이 다운로드 받은 컴포넌트는 모델링 환경이 달라 치수의 차이가 생길 수 있으므로 먼저 크기를 확인하여 우리가 사용하는 스케일로 맞춰주는 것이 좋다.

11 'Select Tool( )'로 빈 공간을 클릭하여 선택 해제한다.

12 File〉Save로 저장한다.

2.2 재질 확인하고 이름 바꿔주기

01 [Outliner]Tray는 접고 [Materials]Tray를 선택한다.

02 'In Model(🏠)'을 클릭하고 장면에 있는 재질이 나타나게 한다. 이 장면에는 총 6개의 재질이 있다.

03 'Sample Paint(✏)'를 선택하고 각각의 오브젝트들을 클릭하여 어떤 재질들이 할당되어 있는 지 확인한다.

04 첫 번째 재질을 클릭하여 선택한다. 이름은 'BANANA_BIG_PLANT1'로 되어 있다. 이름을 우리가 알기 쉽도록 바꿔준다. 여기서는 'Banana Tree_Leaf 01'로 바꿔준다.

05 두 번째 재질을 클릭하여 선택한다. 이름은 'BANANA_BIG_PLANT_BACK1'으로 되어 있다. 여기서는 'Banana Tree_Leaf 02'로 바꿔준다.

06 세 번째 재질을 클릭하여 선택한다. 세 번째 재질은 나무의 줄기부분으로 이름은 'BANANA_BIG_PLANT_STVOL1'으로 되어 있다. 이름을 'Banana Tree_Stem'으로 바꿔준다.

07 네 번째 재질은 화분에 할당된 재질이다. 현재 재질이름은 'POT_TEXTURE_1'로 되어 있다. 이름을 'Banana Tree_Pot'으로 바꿔준다.

08 다섯 번째 재질은 화분에 담긴 흙의 재질로 이름은 'soil1'으로 되어 있다. 'Banana Tree_Soil'로 바꿔준다.

09 여섯 번째 재질은 돌의 재질로 이름은 'white_concrete_pot1'으로 되어 있다. 'Banana Tree_Stone'으로 바꿔준다.

재질의 이름을 정하는 것은 규칙성이 있어야 하며 이렇게 이름을 구체적으로 수정해 주어야 V-Ray렌더링시 재질을 편집할 경우에 보다 효율적으로 작업할 수 있다. 이름은 한국어 보다는 가급적 영어로 이름을 주는 것을 추천한다.

10 이름을 바꿔주어도 기존의 재질이 색이 바뀐 채 할당되지 않은 채 남아있다(여기서는 회색으로 남아있

다). 이런 재질들은 모두 삭제해 주어야 한다. SketchUp의 메뉴바에서 Window>Model Info를 선

택한다.

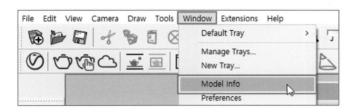

11 [Model Info]창에서 왼쪽 항목의 'Statistics'를 선택한다. 현재 Material의 개수가 12개로 나와있다.

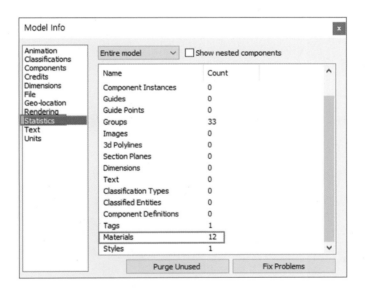

12 [Purge Unused]를 선택하여 삭제한다. Material의 개수가 6개로 줄어든 것을 확인할 수 있다.

13 File>Save로 저장한다.

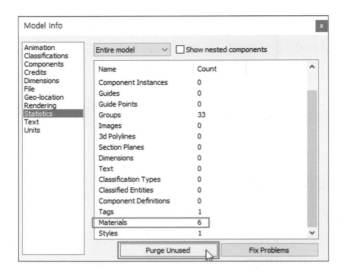

2.3 매핑한 이미지 저장하기

01 'V-Ray for SketchUp()'Tool bar에서 'Render( )'를 클릭하여 렌더링해
   본다.

02 SketchUp에서의 나뭇잎 색상이 렌더링 이미지에
   서는 매우 어둡게 보인다. 이는 VRay의 버전차에 의
   해 발생하는 현상으로 매핑했던 이미지를 외부에 저
   장하고 이 저장한 매핑 이미지를 다시 불러오면 해결
   된다.

03 SketchUp의 [Materials]Tray에서 첫번째 재질인 'Banana Tree_Leaf 01' 위에 마우스를 올려놓고 마우스 오른쪽을 클릭하여 나타나는 메뉴창에서 'Export Texture Image'를 선택한다.

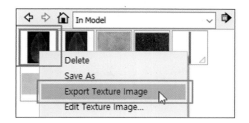

04 나오는 [Export Raster Image]창에서 원하는 경로를 지정하고 이름을 구체적인 이름(여기서는 'Banana Tree_Leaf 01.jpg') 으로 바꿔준 후 [Export]버튼을 클릭한다. 기존 사용했던 이미지의 파일명은 '2a5e70c2a5f7f3b520c9798b61acca5c.jpg'였으며 'Banana Tree_Leaf 01.jpg'로 이름을 바꿔 저장한다.

05 이와 같은 과정을 나머지 5개의 재질에도 진행해 준다. 다시 저장할 이미지의 이름을 매핑 이미지가 사용될 재질의 이름과 같이 주도록 한다.

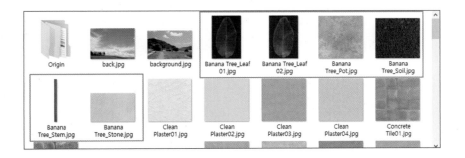

2.4 이미지 재지정하기

01 [Asset Editor(⊘)]를 클릭하고 [V-Ray Asset Editor]창에서 'Materials(⊗)'를 선택한다.

02 [Materials]항목에서 맨 위에 있는 'Banana Tree_Leaf01'를 선택한다.

03 오른쪽 메뉴창을 나타나게 하기 위해 '펼침버튼(▶)'을 클릭한다.

04 나타나는 오른쪽 창을 보면 'VRay Mtl'옵션 탭 보이지 않는다. 'Add Layer'아이콘(⊞)을 클릭해 하위 옵션을 나타나게 한 후 'VRay Mtl'을 선택한다.

05 'VRay Mtl'이 생성되었으나 재질 미리보기창에서 이미지가 사라진 것을 알 수 있다. 이는 'VRay Mtl'에
서 'Diffuse'탭이 있고 기존에 있던 'Diffuse' 탭이 두 개가 같이 존재하기 때문에 발생한 현상이다.

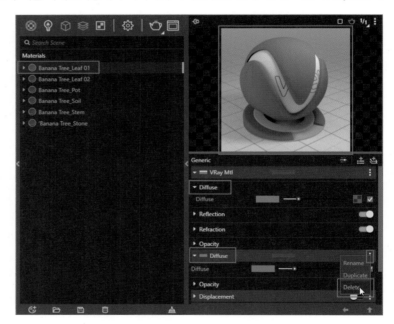

06 기존에 있던 'Diffuse' 옵션탭 오른쪽에 있는 'Layer Options(▤)' 버튼을 클릭한다.

07 'Delete'를 선택하여 삭제한다.

08 이제 [VRay Mtl]옵션탭에 있는 [Diffuse]탭에서 'Texture Slot(▧)'을 클릭한다.

09 나타나는 메뉴에서 'Bitmap' 타입을 선택한다.

10 [Select a file]창에서 'Banana Tree_Leaf 01.jpg'를 선택한 후 '열기'를 선택한다.

11 [Bitmap]옵션창의 하단에서 'Up the Assets Hierarchy(⬆)' 버튼을 클릭한다.

12 이제 미리보기창에 이미지가 다시 나타나는 것을 볼 수 있다.

13 SketchUp창을 확인한다. 나뭇잎을 자세히 보면 이미지와 나뭇잎의 크기가 맞지 않다는 것을 알 수 있다.

14 SketchUp의 [Materials]Tray를 불러온다.

15 [Edit]탭을 클릭한다.

16 'Texture' 영역을 확인해 보면 가로와 세로의 크기가 각각 254mm, 385mm로 되어 있다. 이는 이미지를 재설정하면서 수치가 바뀐 것이고 따라서 원래 지정했던 크기로 설정을 해야 이미지가 나뭇잎의 크기에 맞게 들어갈 수 있다.

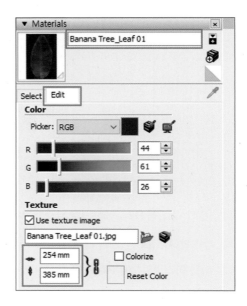

17 'Lock/Unlock Aspect Ratio(⦀)'를 클릭한다.

18 'Lock/Unlock Aspect Ratio' 버튼의 모양이 바뀐 것을 알 수 있다(⦀). 이렇게 가로와 세로의 비율을 끊으면 가로와 세로의 길이에 각각 따로 숫자를 입력할 수 있다.

19 가로와 세로에 각각 '26'을 입력한다.

20 다시 'Lock/Unlock Aspect Ratio(⦀)'를 클릭하여 비율을 연결해 놓는다.

21 'Banana Tree_Leaf 01' 재질을 재지정하는 이 과정, 즉, '01번부터 19번'까지의 작업을 나머지 재질들에게 동일하게 작업해 준다.

22 'Render(📷)'를 클릭하여 렌더링해 본다. 이제 나뭇잎이 밝게 렌더링되고 재질의 패턴들이 정확하게 보인다.

23 File＞Save로 지금까지 한 내용을 저장한다.

재지정할 이미지의 크기는 다운로드 받은 원본 파일에서 적용한 이미지의 크기를 체크해서 재설정한 이미지의 크기에 입력해 줘야 한다.

2.5 편집 마무리하기

01 SketchUp의 화면에서 'Zoom Tool(🔍)'로 아래와 그림을 참고하여 확대한 후 'Select Tool(▶)'로
중간에 흙에서 떠 있는 나무줄기를 선택한다.

02 'Move Tool(✣)'로 Z축(파란색 축)방향으로 내려준다.

03 [Outliner]Tray를 불러온다.

04 'Capsule'로 시작하는 그룹을 [Shift]Key를 이용하여 모두 선택한다.

05 화분 위의 돌 오브젝트들이 모두 선택된다.

06 [Outliner] Tray에 마우스 커서를 올리고 오른쪽을 클릭하여 나오는 메뉴창에서 'Make Group'을 선택한다.

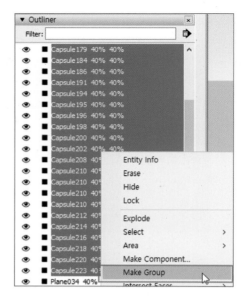

07 돌들이 이제 하나의 그룹이 되었다. [Outliner] Tray에서 '■ Group' 앞에 있는 삼각형 버튼(▼)을 클릭하여 'Group'을 닫아준다.

08 'Group'이름을 더블클릭하고 'Pot_Stones'로 이름을 바꿔준다.

09 이번에는 [Outliner] Tray에서 'SOIL011 40% 40%'이라는 Group을 선택한다. 이 Group은 화분의 흙 오브젝트이다.

10 더블클릭하여 이름을 'Pot_Soil'로 바꿔준다.

11 이제 'Plane'으로 시작하는 이름의 Group을 [Shift]Key를 이용하여 모두 선택한다. 식물 오브젝트들이 모두 선택된다.

12 돌과 같은 방법으로 하나의 Group으로 만들어 준 후 이름을 'Pot_Banana Tree' 바꿔준다.

13 이제 SketchUp의 [Outliner] Tray는 오른쪽 그림과 같이 보이게 된다.

14 이제 'Zoom Extents(⊠)'로 모든 오브젝트가 화면에 보이도록 한다.

15 'Select Tool(▶)'로 오브젝트를 모두 선택하거나 '[Ctrl]Key + A'로 장면에 있는 모든 오브젝트를 선택한다.

16 [Entity Info]Tray에서 Tag가 'Untagged'로 되어 있는 지 확인한다. 이렇게 편집되어 오브젝트로 사용될 그룹은 Tag가 여러 개로 나뉘어져 있으면 추후 데이터 관리 및 작업이 복잡해 지므로 하나의 Tag로 만드는 것이 좋으며 특히 기본 Tag인 'Untagged'로 설정해 놓는 것이 좋다.

17 모든 오브젝트들이 선택되어 있는지 확인하고 마우스 오른쪽 클릭하여 전체를 하나의 그룹으로 만들어준다.

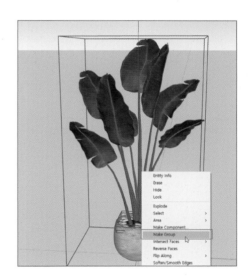

18 다시 [Outliner] Tray에서 '■Group' 앞에 있는 삼각형 버튼(▼)을 클릭하여 'Group'을 닫아준다.

19 'Group'이름을 더블클릭하고 'Banana Tree'로 이름을 바꿔준다.

20 이제 SketchUp의 [Outliner] Tray는 오른쪽 그림과 같이 보이게 된다.

21 이제 '■ Banana Tree'앞에 있는 삼각형 버튼(▼)을 클릭하여 Group을 닫아준다.

22 File〉Save하여 저장한다.

웹사이트에서 다운로드를 받거나 다른 파일포맷을 가진 오브젝트를 사용할 때는 이와 같이 편집과정을 거치는 것이 좋다. 이와 같이 미리 편집하여 사용하지 않았을 경우 VRay로 렌더링할 때 원인을 알 수 없는 에러들이 발생하여 심각하게는 렌더링이 되지 않는 경우도 있으므로 반드시 편집과정을 거쳐서 사용하도록 한다.

V-Ray for SketchUp

예제로 배우는 스케치업 V-Ray

초판 1쇄 인쇄 2022년 04월 25일
초판 1쇄 발행 2022년 04월 29일

—

저자 최현아 양승정
펴낸이 김호석
기획편집 주옥경 곽유찬 권순현
디자인 전영진
마케팅 오중환
경영관리 박미경
영업관리 김경혜

—

펴낸곳 도서출판 대가
주소 경기도 고양시 일산동구 장항동 776-1 로데오메탈릭타워 405호
전화 02) 305-0210
팩스 031) 905-0221
전자우편 dga1023@hanmail.net
홈페이지 www.bookdaega.com

—

ISBN 978-89-6285-355-1 (13000)

• 파손 및 잘못 만들어진 책은 교환해드립니다.

• 교재에서 사용된 예제파일 및 재질에 사용되는 소스 이미지, 조명에 사용되는 ies 파일은 도서출판 대가 홈페이지에서 회원가입 후 [커뮤니티 - 자료실]에서 다운로드하여 사용하실 수 있습니다.